Les Nouveaux Chiens de guerre

Kamal Redouani

Les Nouveaux Chiens de guerre

ARTHAUD

82, rue Saint-Lazare CS 10124
75009 Paris

ISBN : 978-2-0802-9170-7

À mes amours Anna, Mathys et Mary.

À tous ceux qui m'ont tendu la main,
entrouvert une fenêtre sur leur existence
et permis de contourner les obstacles
parfois au risque de leurs vies.

« Je tremble toujours de n'avoir écrit qu'un soupir, quand je crois avoir noté une vérité. »

Stendhal

Préambule

Je n'ai jamais su détourner le regard. Cela fait vingt ans que je couvre les guerres et je me suis autopersuadé que les images d'horreur que je croisais allaient disparaître, évaporées comme par magie, à l'instant même où j'atterrirais à Paris. À la question qui m'est souvent posée de savoir comment je parviens à côtoyer les atrocités humaines puis à retourner à la normalité de la vie, je réponds simplement que j'y arrive et cela suffit à rassurer mes interlocuteurs. J'ai même commencé à y croire moi-même intimement.

Je suis né au bord de la mer, à Casablanca, au Maroc. Chaque printemps de mon enfance, j'assistais à la même scène. Les premiers rayons du soleil se montrent et éclairent les façades malmenées tout l'hiver par les vents salés de la mer. La clope au bec, les pêcheurs du quartier se transforment en peintres pour leur refaire une beauté. Ils camouflent les rides creusées par des tempêtes hivernales avec des litres de chaux qu'ils étalent toute la journée sous le regard amusé des hirondelles. J'ai appris à imiter ces pêcheurs : à chaque retour de voyage d'un monde où l'être humain a perdu ses droits les plus élémentaires, je repeins ma mémoire avec les images de la vie qui m'entoure. La compagnie de ma famille et de mes amis, ou même leur seule existence, me remplit, me transporte et m'ancre dans le présent. Mais l'ignominie de la guerre est insidieuse. Elle s'infiltre et s'enracine dans la mémoire. Tel un virus, elle attend son heure pour se déclarer. Même si la liberté est sa pire ennemie. Même si celle-ci la foudroie, l'affaiblit et lui impose parfois le silence. Les images de la guerre finissent toujours par ressurgir à un moment ou un autre. L'une d'entre elles a toujours résisté à mes remèdes. Elle s'est jouée de mes artifices. Elle a réussi à contourner mon pare-feu et à s'incruster au plus profond de mon âme. La scène se déroule à Tripoli, la capitale libyenne. La guerre fait rage à une centaine de kilomètres de la ville. La nuit est calme. Dans le réfectoire d'une école militaire, une quarantaine d'élèves finissent leur dîner. Une fois le repas terminé, ils se dirigent vers le bâtiment qui abrite le dortoir. La plupart ont à peine 18 ans. Dans la cour, ils se mettent en rang pour saluer leur officier. Une caméra de surveillance filme la scène. C'est à ce moment précis que la mort est tombée du ciel. Une bombe larguée par un drone pulvérise toute la promotion de cette école. Seule une vingtaine survivront. Ils courent dans tous les sens, sans savoir quelle direction prendre. Un jeune a perdu ses deux jambes. Il se traîne par terre comme pour échapper à son destin. À côté de lui, un jeune homme tend les mains vers le ciel pour prier un Dieu qui a déserté ces lieux. Deux survivants se jettent dans les bras l'un de l'autre. Quelques jours plus tard, le père d'un des étudiants me reçoit chez lui. Son fils a perdu la vie dans ce drame. Il sort d'un petit coffre en acajou les précieux souvenirs de son enfant. Il plonge son regard doux dans une photo. Il demeure ainsi un long moment avant de se souvenir de ma présence à ses côtés. Sans lâcher la photo des yeux, il me dit d'une voix tremblante : « Il était beau, mon fils. Je lui ai rendu visite la veille de sa mort. Il voulait que je lui rapporte des livres et une plaquette de chocolat. Le jour suivant, je l'ai trouvé gisant dans son sang. Je l'ai reconnu grâce à la bague que sa mère lui a offerte le jour de l'intégration au sein de l'école. Je suis incapable de vous décrire l'état de son corps. » Il plonge son visage entre ses mains et éclate en sanglots.

L'arme du crime est un drone de fabrication chinoise. Cet avion sans pilote, condensé de technologie, peut transporter des bombes de 480 kilos et son coût est dix fois moindre que celui de son homologue américain. Ce drone a contourné les sanctions internationales. Il a pu être introduit dans un pays pourtant sous embargo depuis quarante ans. Dix ans après le renversement et l'exécution de Mouammar Kadhafi par des rebelles soutenus par la France, les promesses du printemps libyen sont parties en fumée. Le pays s'est fracturé au cours de multiples guerres civiles. Mais, en 2019, la guerre fratricide libyenne a pris un autre tournant. Des armes de nouvelle génération et des groupes armés étrangers se sont immiscés sur ce territoire. Wagner est le plus médiatisé d'entre eux. Engagé en Libye, en Syrie, en Centrafrique et au Mozambique ces dernières années, il s'est invité au Mali depuis quelques mois, mettant à mal la présence de l'armée française. Aujourd'hui, il serait chargé par Poutine d'assassiner le président ukrainien.

Wagner n'est pas le seul groupe armé privé à exploiter les terrains de guerre au service d'un pays, d'intérêts financiers ou d'une idéologie. Depuis 2012, la Turquie s'est dotée elle aussi d'une entreprise militaire privée proche du pouvoir. Fondée par Adnan Tanriverdi, un ancien général de l'armée turque, ami et ancien conseiller d'Erdogan, cette structure porte le nom de Sadat International Defense Consultancy. Beaucoup plus discrète que son homologue russe, sa présence a été signalée dans une dizaine de pays. Sur son site, on peut lire : « Notre mission est d'établir une collaboration de défense et une coopération de l'industrie de la défense entre les pays islamiques pour aider le monde islamique à prendre la place qu'il mérite parmi les superpuissances. » Wagner et Sadat vont s'affronter en Libye. Face à la technologie turque, Wagner va perdre la guerre.

Plus étonnant encore, déjà en 2014, j'ai croisé des mercenaires pas comme les autres. Absorbé par mon travail sur les djihadistes, j'ai gribouillé cette phrase sur une feuille de mon carnet de notes : « Je viens de croiser deux hommes parlant apparemment russe. Ils sont sûrement tchétchènes. D'après mon chauffeur ils appartiennent à un groupe nommé Malhama Tactical qui se traduit par "La tactique de l'apocalypse" ». À l'époque, ce nom me paraissait original pour un groupe djihadiste. Mais en réalité, Malhama Tactical, plus connue sous le diminutif « MT », est elle aussi une entreprise militaire privée. En Syrie, elle a formé des membres de Daech et d'al-Qaida aux combats. Son chef Abou Salman Belarus, bien que déclaré mort en 2017, vit toujours. Et ses hommes continuent à former les groupes armés islamistes de la région d'Idlib en Syrie. MT est surnommée par les Syriens, non sans humour, « la Blackwater du djihad ».

Blackwater – l'originale – est une société militaire privée (SMP) américaine. Dans les années 2000, c'était la plus grande armée privée du monde. Au Moyen-Orient, elle doit sa renommée aux multiples exactions commises sur le sol irakien. Le 16 septembre 2007, un convoi de Blackwater débarque sur la place Nisour à Bagdad. Les soldats se mettent à tirer au hasard sur des civils. Le bilan est lourd : dix-sept morts et vingt blessés. La nouvelle se répand en quelques heures aux quatre coins du globe. Une crise sans précédent éclate entre Bagdad et Washington. Erik Prince, son dirigeant, ne réussit pas à redorer l'image de Blackwater, qu'il finit par vendre en 2010. Il annonce au monde avoir pris sa retraite. Et pourtant, le nom de ce milliardaire républicain dont la sœur a été l'une des ministres de l'administration Trump est apparu dans mon enquête sur la frappe de drone en Libye. Erik Prince affirme à qui veut l'entendre qu'il ne s'occupe plus que d'humanitaire. Mais sa nouvelle entreprise censée venir au secours des peuples en détresse est soupçonnée par l'ONU de convoyer des armes à des miliciens libyens. Basés aux Émirats, ses hommes entraîneraient une armée de mercenaires pour son nouvel ami Mohammed ben Zayed, prince héritier du pays. Exclu du cercle du pouvoir américain après le départ de Trump de la Maison-Blanche, Erik Prince, qui se présente comme un grand patriote américain, n'hésite pas à vendre ses services à la Chine. Il y aurait formé plus de cinq mille militaires et signé des contrats pour construire une série de centres d'entraînement de forces militaires chinoises dans le Xinjiang, à deux pas des camps d'internement des Ouïghours…

Aujourd'hui, la guerre fait rage en Ukraine, elle persiste en Afghanistan, en Syrie, en Libye, au Mali… Dans tous ces pays, des sociétés militaires privées travaillent dans l'ombre. Durant ces vingt dernières années à sillonner les terrains de guerre, j'ai été témoin de leur émergence. Je les ai vues à l'œuvre. J'ai assisté à leur ascension, j'ai été témoin de leur mépris des vies humaines et de leur emploi démesuré de la force, sans souci des dégâts collatéraux. Elles sont insidieuses et avancent masquées. Un des malheurs de notre temps est que l'information trop rapide implique une cécité de l'esprit. L'émotion l'emporte sur les faits. Je vous propose dans ce livre de prendre le temps de dévoiler leur vrai visage car elles sont devenues des acteurs incontournables de la guerre moderne. Leur puissance ne cesse d'augmenter et elles exploitent sans hésiter les failles du droit international humanitaire.

Avec Blackwater, les États-Unis ont ouvert une voie où se sont engouffrés des pays moins démocratiques : la Russie, la Turquie, les Émirats arabes unis, l'Iran, et même al-Qaida. Ils peuvent ainsi commettre des crimes, déstabiliser des pays fragiles, influencer des élections et nier toute implication. Comme ce fut le cas en Libye où vingt-six jeunes ont été frappés par un drone à l'aube de leur vie. Cet acte, déclaré comme un crime de guerre par l'ONU, est à ce jour resté impuni. Faisons qu'avec ce livre il ne tombe jamais dans l'oubli.

CHAPITRE 1

Tuer sans conséquences…
Les *contractors* américains

Irak, décembre 2005. Le canon d'une arme de précision qui dépasse d'une fenêtre. Un char américain en ligne de mire. Un tir retentit. Un soldat en position sur la tourelle du véhicule blindé s'écroule. Il est touché à la tête. Cette scène macabre dure à peine quelques secondes. Elle est filmée avec l'un des premiers Caméscope numériques par un membre d'al-Qaida. L'homme qui était derrière la caméra est aujourd'hui installé à mes côtés sur un vieux canapé gris, déteint et auréolé. Comme si les images n'étaient pas assez explicites, il me décrit la scène minutieusement. Son regard glacial et arrogant me fait me ratatiner dans mon siège. Il m'affirme d'une voix ferme et menaçante en me postillonnant au visage : « Cette terre sera la tombe de tous ces chiens d'Américains. Ils ne le savent pas encore mais ils mourront tous ici. » Je suis écœuré. J'ai envie de vomir. Je me retiens de lui dire le fond de ma pensée. Je suis chez lui, dans son fief, dans une maison du village d'Abou Ghraib situé à 20 kilomètres à l'ouest de Bagdad. Trois hommes, le visage camouflé derrière un keffieh, me font face. À leurs pieds, des kalachnikovs à chargeurs circulaires. Lui, leur chef, est serein. Son nom de guerre est Abou Zahouein. Il a déposé son arme au coin de la pièce et me parle à visage découvert. Il est l'émir d'al-Qaida de la région. Il dirige une centaine de djihadistes, tous désireux d'en finir avec la présence américaine sur le sol irakien. En 2004, ce sont ses hommes qui ont brûlé vifs quatre Américains dans leur voiture. Ils les ont traînés dans les rues, puis pendus à l'armature d'un pont sur l'Euphrate à l'entrée de la ville de Falloudja. La photo des pendus du pont a fait la une des journaux. L'Amérique était sous le choc. Le général Mark Kimmitt, porte-parole militaire en chef des forces de la coalition en Irak, confirmait leur nationalité américaine sans préciser la nature de leur mission. Et pour cause, les victimes étaient des *contractors* de la société militaire privée Blackwater. Falloudja, petite ville de cinquante mille habitants, devenait l'épicentre de la « résistance » irakienne.

Deux ans plus tard, le nom de Blackwater revient au-devant de la scène. Place Nisour à Bagdad, cinq employés de la même SMP américaine chargée de protéger un convoi du département d'État américain ouvrent le feu. Ils criblent de balles plusieurs voitures, jettent des grenades et tuent dix-sept civils irakiens. La fusillade est violente. J'imagine la scène et l'effroi qui s'est diffusé au cœur des âmes comme le signe avant-coureur d'une catastrophe sur le point d'arriver. Les images font le tour du monde. Le Proche-Orient est en pleine ébullition. Le drapeau américain est brûlé dans plusieurs villes de la région. Le portrait de George W. Bush est piétiné par une foule qui réclame vengeance.

Khalaf, un policier de 38 ans, était en poste sur la place. Son rôle était juste de fluidifier la circulation d'une ville où les attentats sont monnaie courante. Chemise blanche, pantalon bleu, une casquette vissée sur le crâne, il fait partie de la nouvelle génération de policiers formés après la chute de Saddam Hussein. Comme chaque matin, il se dirige vers son lieu de travail la peur au ventre. Il sait qu'il est la cible privilégiée des djihadistes. Un de ses collègues de l'époque m'expliquait : « Tous les policiers sortent de chez eux en tenue de civil. Personne, même dans nos propres quartiers, ne doit savoir qu'on est des policiers. Pour une grande partie de la population, nous sommes des collabos à la solde des Américains. » Pour Khalaf, en faction sous un soleil de plomb sur la place Nisour, le danger est venu d'ailleurs. À 12 h 20, des tirs retentissent. Il se réfugie derrière une voiture. Il n'est pas blessé. Il essaye de comprendre. Dans un entretien accordé à une équipe de Human Rights Watch, il raconte : « J'ai vu les quatre blindés américains armés de mitraillettes arriver à toute allure sur la place. Deux hélicoptères les protégeaient depuis le ciel. J'ai fait ce que je fais chaque fois. Arrêter la circulation pour leur laisser la priorité de passage. C'était la consigne de mes supérieurs que je devais suivre quelle que soit la situation. » Mais les choses ne se sont pas déroulées comme prévu. Le convoi tourne sur la place en sens inverse et ouvre le feu sans raison apparente. Un étudiant en médecine de 20 ans s'écroule. Il est mort. Sa mère crie à l'aide et le tient fermement dans ses bras. Khalaf accourt pour lui prêter assistance. Il lève le bras pour demander aux hommes de Blackwater de cesser les tirs. Une autre balle fuse. La mère, une dermatologue renommée de Bagdad, s'écroule à son tour. En moins de quinze minutes, dix-sept Irakiens perdront la vie et vingt autres seront grièvement blessés. Deux sont morts calcinés dans leur voiture. Khalaf sera l'un des témoins du procès des *contractors* de Blackwater.

Dans la rue, les Irakiens ne sont pas surpris. Ils connaissent parfaitement ces hommes à la gâchette facile qu'ils surnomment « le Mossad ». Ils sont généralement en civil, un gilet pare-balles sur le dos, le regard dissimulé derrière des lunettes noires et ils sillonnent la ville armes à la main sur des blindés. Ismaël, mon guide de l'époque, a sa technique pour éviter de les croiser. Prendre autant que possible les routes secondaires, quitte à subir la fouille des milices de quartier.

Contourner les grands axes qui mènent vers la zone verte, le quartier le plus sécurisé de Bagdad. La zone verte, un bunker de 10 kilomètres carrés qui abrite derrière des barbelés et de hauts murs d'enceinte les ambassades et les lieux de vie des plus hauts dignitaires du pays.

L'enquête irakienne réalisée juste après la fusillade fait état de « tirs criminels sans aucune adversité ». Le gouvernement irakien est furieux ou fait mine de l'être. Considéré comme un pantin des États-Unis, Nouri al-Maliki, le Premier ministre, se doit de réagir. Il demande des comptes à l'administration américaine. Mike Tarsa, lieutenant-colonel de l'armée américaine, a déclaré à NBC News qu'il semblait « que plusieurs conducteurs avaient fait demi-tour et s'éloignaient de Nisour Square lorsque leurs véhicules ont été touchés par des tirs de Blackwater ». Ses hommes arrivés en premier sur les lieux du drame ne trouvent que des munitions américaines. Aucune trace de douilles de kalachnikovs prisées par les djihadistes. L'Amérique découvre stupéfaite que ses généraux, comme ses diplomates, font plus confiance à des mercenaires qu'à leur propre armée pour leurs déplacements en Irak. La presse se déchaîne. Les articles pleuvent. L'administration Bush est soupçonnée de vouloir étouffer l'enquête. Selon les membres du Congrès, elle aurait encouragé Blackwater à indemniser les victimes de Nisour contre leur silence. Une équipe du FBI finit par être dépêchée sur place pour enquêter. Ironie de l'histoire, ce sont les hommes de Blackwater devenus en Irak incontournables qui sont chargés de la protéger. Malgré cela, leur rapport ne les ménage pas. Censé rester confidentiel, il est paru en novembre 2007 dans le *New York Times*. Il stipule que « au moins quatorze coups de feu sont injustifiés » et l'auteur ajoute : « Je ne dirais pas que c'était un massacre mais dire que c'était injustifié, c'est peu dire. »

Erik Prince, le dirigeant de Blackwater, est contraint de sortir du bois. Habituellement discret, il monte au créneau pour défendre l'image de son entreprise. Blackwater USA est rebaptisée Blackwater Worldwide. Il change le look du logo pour en atténuer l'image guerrière et il s'entoure des plus prestigieux avocats, lobbyistes et conseillers de presse de Washington. Parmi eux figurent Beth Nolan, l'avocate de la Maison-Blanche sous la présidence de Clinton, et Stephen Ryan, l'ancien avocat général de la commission des affaires gouvernementales du Sénat. Erik Prince ne recule devant rien pour redorer l'image de son entreprise et pour défendre ses hommes. Il enchaîne les interviews et invite les journalistes à visiter ses locaux. Devant des millions de téléspectateurs de PBS, il se prête au jeu des questions de leur animateur vedette Charlie Rose. Erik Prince paraît calme et sûr de lui. Le « média training » délivré par Burson-Marsteller, la plus importante agence de relations publiques au monde, porte ses fruits. À la question « Que pensez-vous de ce qui s'est passé place Nisour ? », il répond sans sourciller : « Eh bien, permettez-moi de vous brosser un tableau de ce qu'a été la semaine pour nos gars opérant à Bagdad au cours des sept derniers jours. Le 16 septembre (jour du drame), c'était un dimanche. Le lundi précédent, nous avons eu un hélicoptère visé par un RPG[1]. Notre pilote, très habile, a fait atterrir l'appareil en urgence. L'hélico a été détruit. Mais les huit gars ont survécu. Quatre d'entre eux ont été blessés, ont dû se rendre à l'hôpital, mais seront complètement rétablis. Deux jours plus tard, on a subi un attentat à la bombe en bordure de route. C'était un gros EFP[2] iranien, un engin explosif très sophistiqué qui transperce la plupart des armures. La bombe était en fait cachée dans des pastèques le long d'une route, juste à côté d'un stand de fruits. Deux jours plus tard, on a été la cible d'une autre embuscade. On nous a tiré dessus avec des armes légères et des mitrailleuses. Les faits se sont déroulés lors d'un transit par l'autoroute entre l'aéroport et le centre-ville. Le 16 septembre (jour du drame) a débuté par un

1. De l'anglais *rocket-propelled grenade*, lance-roquettes.

2. Projectile à charge formée.

énorme attentat à la voiture piégée pas loin d'un lieu où mes gars protégeaient un responsable américain. »

Malgré les relances du journaliste sur les crimes commis sur la place Nisour et sur la légalité de la présence de Blackwater en Irak, Erik Prince ne se démonte pas. Il se défend en mettant en avant le professionnalisme de ses combattants. « Tous, explique-t-il, sont des vétérans de l'armée américaine, habitués à des situations très stressantes et très tendues. »

Le 11 octobre 2007, encouragées par Burke O'Neill PLLC, un cabinet d'avocats américain, les familles irakiennes des victimes de la place Nisour portent plainte devant la Cour de Washington. Le verdict est tombé en 2009. Les hommes de Blackwater, Donald Ball, Dustin Heard, Evan Liberty, Nick Slatten et Paul Slough, tous d'anciens militaires américains, sont blanchis. Deux ans plus tard, l'affaire de la place Nisour connaît son épilogue. Une cour d'appel rétablit leur inculpation. Ils seront finalement condamnés à de longues peines de prison. Mais l'arrivée de Donald Trump à la Maison-Blanche change la donne. Les cinq ex-agents reconnus coupables du meurtre de quatorze civils irakiens à Bagdad sont graciés en décembre 2020. Cette décision indigne la rue irakienne. Une vive colère éclate en Irak. Jelena Aparac, alors présidente du groupe de travail des Nations unies sur l'utilisation de mercenaires, déclare : « Les conventions de Genève obligent les États à tenir les criminels de guerre pour responsables de leurs crimes, même lorsqu'ils agissent en tant qu'entrepreneurs de sécurité privés. Ces grâces violent les obligations des États-Unis en vertu du droit international et, plus largement, sapent le droit humanitaire et les droits de l'Homme au niveau mondial. » L'un des hommes graciés, Nick Slatten, condamné à une peine de prison à vie, est libéré. Il déclare à un journaliste de l'agence de presse Reuters : « Je regrette toute perte de vie innocente, mais je suis confiant dans la façon dont j'ai agi et je me sens en paix avec cela. » Khalaf, le policier irakien, l'avait désigné comme étant le responsable de la mort de la mère dont la dernière image sur cette terre fut celle du visage inerte de son enfant mort dans ses bras.

La tuerie de Bagdad est loin d'être le premier « accident » meurtrier dans lequel Blackwater est impliqué. Le gouvernement irakien annonce que dans la seule année 2007, il y aurait eu au moins six incidents meurtriers impliquant Blackwater. Le rapport Henry Waxman pour la commission de la Chambre des représentants américains a énuméré cent quatre-vingt-quinze incidents où Blackwater a ouvert le feu. Le rapport précise que les hommes d'Erik Prince ont tiré les premiers dans 80 % des cas. D'anciens cadres de Blackwater ont confié au *Washington Post* que leurs hommes étaient impliqués dans au moins « quatre ou cinq fusillades par semaine ». Selon Matthew Deng, agent de liaison américain au ministère de l'Intérieur irakien, « l'avalanche de requêtes aux autorités américaines et à la direction de Blackwater resta vaine ». Pire encore, deux semaines avant le drame, un mémorandum rédigé par Jean Richter, un enquêteur du département d'État américain, démontre que l'administration Bush et l'armée américaine étaient au courant des agissements de « cow-boys » des hommes de Blackwater. Déclassifié en 2014, et mis en ligne sur le site du *New York Times*, ce mémorandum montre le sentiment de puissance et d'impunité qui régnait dans les rangs des hommes d'Erik Prince. À l'image de cet échange – extrait du mémorandum – entre Jean Richter et Daniel Carroll, responsable de Blackwater en Irak : « Daniel Carroll m'a fait savoir qu'il n'était pas techniquement sous la responsabilité du département d'État et qu'il n'avait pas à répondre à mes questions. M. Carroll a précisé ses menaces en expliquant qu'il pouvait “me tuer” et que personne ne pourrait ni ne voudrait rien faire puisque nous étions en Irak. J'ai pris la menace de M. Carroll au sérieux. Nous étions dans une zone de combat où ce genre de choses peut arriver sans prévenir, et particulièrement quand il est question de sujets pouvant avoir un impact négatif sur un contrat lucratif de sécurité. » Entre 2004 et 2009, Blackwater a reçu environ un milliard de dollars pour fournir des « services de protection dans le monde » au personnel du département d'État américain. À la même période, en Irak, il y avait cent quatre-vingt mille contractuels pour cent soixante mille soldats de l'armée régulière américaine !

En 2016, neuf ans après le drame de la place Nisour, le nom de Blackwater n'a pas été oublié. Le pays est entre les mains d'une soixantaine de milices. L'armée américaine a réduit ses troupes. Les sociétés militaires privées restées sur place ont la tâche de former la future armée irakienne à gérer elle-même la sécurité du pays. Sur la route d'Abou Ghraib, les convois américains se font rares. Les check-points ne sont plus tenus que par des milices chiites qui arborent la photo de l'ayatollah Khomeini d'Iran. L'Irak est divisé. Les communautés religieuses se font la guerre. Je suis installé à l'arrière d'une Chevrolet dans un triste état, recouverte de boue mais qui, par je ne sais quel miracle, roule encore parfaitement. Je partage mon siège avec de vieux gobelets de café et des bouteilles d'eau vides. Au volant, Ismaël, mon chauffeur, un Tunisien arrivé en Irak avant la chute de Saddam pour travailler dans un site pétrolier, et qui est resté par amour pour une sunnite irakienne. Ismaël est un homme sec et nerveux qui ponctue chacune de ses phrases par un « putain de pays de merde ! ». À ses côtés, son beau-frère Ali, un ex-*contractor* à la solde des Américains. L'un, Ismaël, est petit, les joues creuses et la peau ternie par les trois paquets de cigarettes qu'il consomme quotidiennement, comme s'il n'avait rien à attendre du lendemain. L'autre, Ali, avec ses larges épaules, sa casquette estampillée NY, son jean délavé et ses lunettes de soleil, a l'allure d'un militaire américain en permission. Ali a travaillé comme traducteur pour les hauts gradés de l'armée américaine mais aussi pour les petites mains chargées d'interroger les prisonniers dans des salles obscures et discrètes éparpillées à travers le pays. À force de fréquenter des soldats, il a gardé cette façon de se tenir droit, la tête haute, même secoué dans une voiture qui roule à vive allure. Avec la réduction des effectifs, il a perdu son emploi. Depuis, il vit sur ses gardes et attend que l'administration américaine lui octroie un visa pour quitter le pays. L'amitié qui lie Ali et Ismaël a toujours été un mystère pour moi. Mis à part leur lien familial, tout les sépare. Leur seul point commun est l'amour qu'ils partagent pour le mauvais whisky importé d'Inde qu'ils sirotent chaque nuit dans des bars clandestins de la capitale.

Grâce au carnet d'adresses d'Ali, en 2016, je suis sur le point d'être le premier journaliste à pénétrer dans la prison d'Abou Ghraib depuis sa fermeture deux ans auparavant. Sur place, l'ex-directeur de la prison entouré d'une dizaine de soldats m'attend. Il ne semble pas ravi de m'ouvrir les portes de ce lieu devenu tristement célèbre grâce aux clichés des tortures infligées par des Américains à des détenus irakiens. L'un d'eux montre une femme en tenue militaire une cigarette aux lèvres, pointant du doigt les sexes de détenus masculins, nus et cagoulés. Même des années après les faits, l'ex-directeur de la prison a peur pour sa vie. Il refuse d'être filmé ou interrogé. Le lieu est sensible. Les djihadistes veulent le détruire pour effacer l'humiliation qu'ils y ont subie. Je marche seul dans les couloirs, passant d'une grille à une autre. Petit à petit, la lumière du jour s'estompe. Le silence s'installe. Le monde extérieur n'existe plus. Il ne reste plus qu'une rangée de cellules muettes qui gardent en mémoire la violence des serrures, les cris des uns, les murmures des autres et la trace des larmes qui coulent discrètement dans la nuit. Al-Baghdadi, l'émir de l'État islamique, est passé par là, tout comme Al-Zahouani, le dirigeant d'al-Qaida de la région, mais aussi des centaines d'innocents qui ont eu le malheur d'être soupçonnés d'appartenir au mouvement des insurgés irakiens. Je franchis la porte d'une cellule. À l'intérieur, rien n'a bougé. Des dizaines de matelas jonchent le sol. Les couvertures suintent la sueur. Je suis étonné de voir des dizaines de livres poussiéreux alignés dans un cageot. Je me rapproche. Je m'accroupis, et les feuillette l'un après l'autre. Tous sont des corans, le livre sacré des musulmans. Sur le chemin du retour, Ali me dit :

— Tu es satisfait ?

— Oui, je le suis bien sûr et je te remercie pour ton aide. Mais peux-tu me dire si tu as travaillé dans cette prison ? Tu as assisté à des interrogatoires ?

Ali sourit. Il répond brièvement :

— C'est top secret. J'ai signé un contrat de confidentialité. Je ne peux pas répondre sinon je peux dire adieu à mon visa et aux jolies Américaines !

Et il éclate de rire.

Le soir, nous roulons le long de la rue Saadoun, l'une des rares rues où l'alcool est vendu légalement. Depuis la chute de Saddam, elle a été la cible de plusieurs attentats. Pour remercier Ali et Ismaël, j'en profite pour acheter deux bouteilles de leur alcool préféré. Le vendeur est un jeune chrétien. Il me propose le choix entre son meilleur whisky – Johnnie Walker Black Label – pour 30 dollars la bouteille et une imitation indienne à seulement 8 dollars. Je choisis l'original. Il s'éclipse derrière une porte puis m'apporte les deux bouteilles, bien dissimulées dans un sac en plastique noir. Ali et Ismaël sont ravis. Ali propose que le dîner se déroule chez lui. Il habite le centre-ville, dans un quartier où la mixité confessionnelle est encore tolérée. Autour de la table, l'ambiance est festive. Les verres se succèdent, le doute cède la place à la passion, les yeux s'animent et les langues se délient. Ali répond volontiers à mes questions. J'apprends qu'il a travaillé comme traducteur pour plusieurs sociétés militaires privées. L'une d'elles se nomme Titan, une société américaine cotée en Bourse à New York et impliquée dans le scandale de la maltraitance des prisonniers d'Abou Ghraib. Comme Blackwater, elle a bénéficié de contrats lucratifs avec l'armée américaine. Pour 112 millions de dollars, elle fournissait des traducteurs à l'armée américaine en Irak. En 2004, elle a été poursuivie par plus de deux cent cinquante Irakiens, des ex-prisonniers d'Abou Ghraib, avec l'aide juridique de l'organisation de défense des droits civiques Center for Constitutional Rights. Ce recours en justice n'a pas abouti.

Ali sort d'un tiroir des photos de lui en compagnie de hauts gradés de l'armée américaine. Il est fier de me les montrer.

— C'est toi, là ? Tu m'as l'air plutôt heureux, lui ai-je demandé.

— Oui, c'était franchement top. Les gars [les soldats américains] étaient vraiment cool. On se marrait bien.

— Enfin, Ali, il y a eu quand même pas mal d'abus, des tortures, même des viols ?

— Oui, c'est ce que l'on raconte mais moi je n'ai rien vu de tout ça.

— Tu veux dire que tu étais présent aux interrogatoires sans jamais assister à des actes de torture ?

Ali se saisit de son verre et le boit cul sec avant de rétorquer :

— Interroger des terroristes n'était pas une partie de plaisir, c'est sûr. Il y avait parfois des coups, quelques gifles et c'est tout. Et si ça n'avait tenu qu'à moi, je les aurais butés, ces salopards.

Ali n'en dira pas plus. Il me le fait comprendre gentiment. Il n'a plus envie de raconter le temps de la bonne camaraderie où il faisait partie des puissants, les fervents défenseurs du Patriot Act qui ont promis au monde d'exterminer le terrorisme et qui verront naître sous leurs yeux les plus barbares d'entre eux : Daech.

En 2005, le caporal Charles Graner, considéré comme « le meneur » des abus d'Abou Ghraib, a été condamné à dix ans de prison. Cinq autres soldats ont plaidé coupables avant d'être condamnés à des peines allant jusqu'à huit ans de prison. Tous sont des soldats de l'armée régulière américaine. Pour les autres, ceux appartenant aux sociétés militaires privées, la plupart ont échappé à la prison. Adel L. Nakhla, un Américain d'origine égyptienne salarié de Titan et identifié comme l'un des tortionnaires d'Abou Ghraib, a seulement été licencié. En 2013, le sous-traitant Titan a versé discrètement 5,28 millions de dollars à soixante et onze anciens détenus d'Abou Ghraib.

Ali et Ismaël ne sont plus joignables aujourd'hui. Mon dernier contact téléphonique avec eux remonte à 2018. Dix collègues d'Ali, des *contractors* locaux tombés dans l'anonymat, sont morts assassinés dans les rues de Bagdad.

Blackwater n'a pas disparu. Elle a juste changé à plusieurs reprises de nom. Elle se nomme aujourd'hui Academi. Après avoir été rachetée par Constellis Group, une société militaire privée dirigée par Terry Ryan, ancien conseiller de la CIA et membre du personnel professionnel du renseignement du Sénat et de la Chambre des représentants des États-Unis.

CHAPITRE 2

Espion et PDG de Blackwater, la double vie d'Erik Prince

Ses yeux pétillent de malice et son histoire dépasse la fiction. Son père, ancien de l'US Air Force devenu ingénieur, a bâti sa richesse grâce à l'invention du pare-soleil pourvu d'un miroir, un équipement devenu essentiel pour toutes les voitures du monde. Lui, ex-commando du corps d'élite des Navy Seals, a acquis le titre de pionnier des sociétés militaires privées et incarne le symbole de ses dérives. Tous deux se présentent comme des patriotes américains, fidèles soutiens de l'aile droite républicaine et de ses extrêmes.

Erik Prince est né en 1969 et a grandi à Holland, une petite ville du Michigan de moins de quarante mille âmes. Comme lui, sa ville natale puise ses racines chrétiennes dans son passé. Elle a été construite en 1847 par des religieux persécutés ayant fui la Hollande. Après le lycée, Erik Prince choisit sciemment Hillsdale College, l'un des établissements les plus conservateurs du pays, pour poursuivre ses études. En parallèle, il offre son temps libre à l'unité des pompiers volontaires de son comté et s'initie à la plongée sous-marine en eau froide. Militant engagé, il puise 15 000 dollars de son compte en banque pour faire son premier don au National Republican Congressional Committee, un comité qui s'emploie à faire élire des députés de droite à la Chambre des représentants des États-Unis. À 19 ans, ce fils de l'une des familles les plus influentes de sa région n'a aucun mal à décrocher un stage à la Maison-Blanche, dirigée à l'époque par George H. W. Bush. Quatre ans plus tard, il s'investit en politique et milite pour l'élection de Pat Buchanan, ancien conseiller de Nixon et de Ford, candidat d'extrême droite qui s'oppose à l'immigration, à l'avortement et à la légalisation de l'homosexualité. Il quitte définitivement la politique en 1992 pour rejoindre les Navy Seals, l'élite de l'armée américaine composée de soldats hyperentraînés affectés aux missions les plus secrètes et les plus dangereuses, comme celle qui a permis de tuer Ben Laden. Erik Prince participe à plusieurs opérations au Moyen-Orient, en Bosnie et à Haïti. Et c'est au sein de cette force spéciale qu'il rencontre ses premiers partenaires de ce qui deviendra des années plus tard l'une des plus prospères sociétés militaires privées des États-Unis.

À la lecture des nombreux ouvrages qui retracent le parcours d'Erik Prince, je découvre que derrière le mercenaire le plus célèbre du monde se cache un visionnaire qui a su comprendre bien avant tout le monde que la professionnalisation de l'armée américaine et la réduction drastique de ses effectifs crée un besoin qu'une entreprise militaire privée bien structurée peut combler. Riche héritier, il aurait pu passer le reste de sa vie à siroter des cocktails à l'ombre des parasols des plages sud-américaines mais il n'en fait rien. À la mort de son père, il investit une partie de son héritage qui s'élève à 500 millions de dollars pour acheter un terrain de 24 kilomètres carrés situé à Moyock, en Caroline du Nord. Il y installe un centre privé d'entraînement pour les militaires et les différents organes de sécurité américains. La presse locale ironise sur le choix de ce jeune millionnaire mais ne le fait pas douter. Il n'a que 28 ans. Blackwater est née. Et le site de Moyock deviendra le cœur de son pouvoir.

Erik Prince hérite aussi de son père un bien plus précieux qu'une immense fortune : un réseau. Celui-ci est marqué à droite de l'échiquier politique et s'étend jusqu'aux plus hautes sphères du pouvoir. Conscient de son importance, il n'a jamais cessé de l'entretenir et de le nourrir. Il sera un point fondamental de sa stratégie. Il se lie d'amitié avec Gary Bauer, fondateur du lobby chrétien de droite, Family Research Council, organisation aux idées radicales que la famille Prince finance. Erik en devient le plus jeune collaborateur. Les Prince étaient aussi très proches de

Charles Colson, l'ancien conseiller spécial de Richard Nixon et premier condamné dans l'affaire du Watergate. Charles Colson est une grande personnalité de la droite chrétienne américaine, fondateur de Prison Fellowship, une organisation chrétienne qui a pour but de soutenir les prisonniers. Il est contre l'avortement, contre la liberté sexuelle et est un fervent critique de l'islam. Erik Prince étoffe le carnet d'adresses légué par son père en participant au CNP – Council for National Policy –, décrit par le *New York Times* comme « un club méconnu de quelques centaines de conservateurs les plus puissants du pays ». Un comité qui réunit dans le secret absolu la droite et l'extrême droite américaine pour unifier leur point de vue. Grâce à un lanceur d'alerte resté anonyme, le site Distributed Denial of Secrets a révélé la liste de ses deux cents membres. En l'an 2000, plusieurs piliers de la future administration Bush y figurent, notamment Dick Cheney, futur vice-président des États-Unis, et Donald Rumsfeld, le secrétaire de la Défense. Trump y a donné un discours vingt ans plus tard en août 2020.

Le travail d'Erik Prince porte ses fruits. Avec l'arrivée de George W. Bush en 2001 à la Maison-Blanche avec dans son sillage la frange la plus conservatrice des Républicains, Erik Prince est en famille. Il décroche son premier contrat avec le FBI. C'est alors que deux événements inattendus vont suivre et propulser Blackwater USA dans la sphère des grandes entreprises américaines. Le premier date du 20 octobre 2000. Alors qu'il se trouve au mouillage dans le port d'Aden au Yémen, le destroyer américain *USS Cole* est la cible d'un attentat suicide lorsque des kamikazes le percutent avec leur bateau bourré d'explosifs. L'attaque est revendiquée par al-Qaida. Dix-sept marins y perdent la vie et trente-neuf autres sont blessés. Jamel Ali al-Badawi, l'un des cerveaux de l'opération, est capturé et emprisonné. Condamné à mort, il arrivera à s'échapper à deux reprises des prisons yéménites. Dans un document exclusif que j'ai retrouvé des années plus tard dans le disque dur d'un émir de Daech en Libye, il est décrit comme « un héros que Dieu n'a pas oublié ». Il est cité comme exemple pour « son ingéniosité, son intelligence et sa foi profonde en Allah ». L'auteur écrit : « À tous les djihadistes, imitez notre frère Al-Badawi qui a réussi grâce à un simple balai et des morceaux de ventilateur à creuser un tunnel qui mène de sa cellule à une mosquée du quartier. » Jamel Ali al-Badawi serait mort quelques mois plus tard, pulvérisé par la frappe d'un drone américain. Et Erik Prince décroche un contrat de 37 millions de dollars avec la marine américaine pour former ses soldats à repousser les attaques de djihadistes et pour les sensibiliser à la piraterie navale.

L'autre événement se déroule le 11 septembre 2001. Dix-neuf kamikazes détournent quatre avions d'American Airlines et s'écrasent à New York, Washington et en Pennsylvanie. Ce sont les attentats suicides les plus meurtriers jamais perpétrés sur le sol américain. Près de trois mille personnes y trouveront la mort. L'Amérique se réveille meurtrie dans son cœur. Il aura fallu seulement deux heures pour que la face du monde change à tout jamais. Oussama Ben Laden deviendra l'homme à abattre… En réponse, le président américain déclare la guerre au terrorisme mondial et annonce que celle-ci ne se terminerait « qu'avec l'éradication de ce mal ». En homme d'affaires avisé, Erik Prince transforme cette tragédie en une opportunité. Il propose à l'administration Bush des soldats privés comme multiplicateurs de leurs forces. Elle accepte. Elle voit là une manière de contourner la réticence du Sénat à déployer de larges moyens pour l'invasion irakienne et de limiter le nombre de victimes dévoilées à l'opinion publique. Enfin, cela lui permet d'augmenter le nombre de soldats sans solliciter l'autorisation du Congrès, mais aussi d'éviter d'être directement éclaboussée par des scandales qui peuvent éclater comme on l'a vu pendant la guerre du Vietnam par exemple.

La privatisation de la guerre est en marche et avec elle l'évolution fulgurante de Blackwater USA. Les contrats se succèdent. Beaucoup sont signés sans même un appel d'offres, comme ce fut le cas avec la CIA en 2002, quand Erik Prince est chargé de sécuriser ses sites en Afghanistan et en

Irak. Ou lorsque Paul Bremer, l'émissaire de Bush en Irak, qui comme Prince est un catholique respecté des néoconservateurs et des évangélistes, lui verse 27 millions de dollars pour sa protection. Honni par les sunnites irakiens et par les djihadistes, il aurait été sauvé par les hommes de Blackwater d'une tentative d'assassinat le 6 décembre 2003 près de l'aéroport de Bagdad. Avant de quitter l'Irak en 2004, Paul Bremer confère aux hommes de Blackwater comme à ceux de toutes les SMP présentes en Irak, un statut d'immunité vis-à-vis du droit irakien, un avantage dont même les soldats de l'armée américaine ne jouissent pas.

Erik Prince est puissant. Il est l'homme à tout faire d'une administration américaine lancée dans une guerre sans fin contre le terrorisme. Il recrute des dizaines de milliers de mercenaires, se procure des hélicoptères d'assaut et transporte des diplomates à Kaboul comme à Bagdad. Il a autorité sur une armée de mercenaires puissante et sans garde-fou, capable du pire comme du meilleur. Erik Prince est convoité et applaudi. Mais le drame de la place Nisour à Bagdad et l'arrivée d'Obama au pouvoir changent la donne. En quelques mois, son image se dégrade. Il se retrouve à faire face à une parole sans masque. Les barrières se lèvent. Les journalistes s'engouffrent sur une route devenue accessible qui dévoile une autre facette d'Erik Prince. Le *New York Times* révèle que les hommes de Blackwater, censés se limiter à assurer la sécurité des hommes de la CIA, ont participé à « un programme visant à assassiner des dirigeants d'al-Qaida ». Le *Times* surenchérit, preuve à l'appui, en annonçant que les hommes de Blackwater ont collaboré aux frappes de drones visant les terroristes en Irak comme en Afghanistan. Dans les colonnes du quotidien britannique on peut lire : « Dans des bases cachées au Pakistan et en Afghanistan [...] les sous-traitants de la société assemblent et chargent des missiles Hellfire et des bombes à guidage laser de 500 livres sur des avions Predator pilotés à distance, travail précédemment effectué par des employés de la Central Intelligence Agency. » Adam Ciralsky, un ex de la CIA devenu journaliste, écrit dans *Vanity Fair* : « En public, il a été PDG ct président de Blackwater. En privé et en secret, il a répondu aux ordres de la CIA... Prince, selon des sources connaissant ses activités, a travaillé comme agent de la CIA : en un mot, comme espion. »

Blackwater est rebaptisée X^e^ en 2009 puis Academi en 2011. En 2010, Erik Prince jette l'éponge et vend sa société et ses filiales pour 200 millions de dollars. Sous Barack Obama, le département d'État a annulé son contrat avec Blackwater, dont la licence en Irak avait été révoquée par Bagdad.

Chapitre 3

Ali, le convoyeur d'armes

Il est grand et maigre comme un clou. Je l'ai connu en 2016. À l'époque, il était toujours bien habillé. Il faisait partie de ces jeunes trentenaires d'Erbil, au Kurdistan irakien, qui se soucient de leur apparence. Les cheveux gominés, brossés en arrière, il conduisait une berline blanche qu'il passait chaque soir au Kärcher. Il est chez lui sur la route qui mène d'Erbil à la frontière syrienne. Il offre des cigarettes aux militaires sur les check-points et s'arrête parfois pour discuter autour d'un verre de thé. Son premier pot-de-vin, il l'a donné à l'âge de 13 ans. À l'époque, Saddam Hussein dirigeait encore le pays d'une main de fer. Lui, porté par l'insolence de la jeunesse, n'avait pas peur. Il transportait clandestinement des bidons d'essence et des bouteilles de gaz d'Erbil à Mossoul. Il savait très tôt déjà à qui et quand graisser la patte pour circuler sereinement sans risquer de se retrouver dans une cellule irakienne surpeuplée. C'était le roi de la route, fier dans son premier van aux vitres teintées acheté à crédit et vite rentabilisé.

En 2003, l'armée américaine débarque. Saddam Hussein meurt pendu dans une prison sordide. Une dizaine de sociétés militaires privées s'installent à Bagdad. Elles recrutent et le font savoir. Ali et son frère aîné voudraient les rejoindre. Ce sont les deux hommes de la famille. L'un d'eux doit rester pour prendre soin des parents. Ali accepte son sort. Il reste, trop jeune, trop fragile. Son frère, ancien militaire, quitte Erbil pour Bagdad. Il va travailler pendant dix ans pour une SMP américaine. Il a transporté des groupes électrogènes, du matériel de construction, protégé des convois d'armes. C'était un tireur d'élite qui se positionnait à l'arrière des pick-up, une douchka – mitraillette lourde – à la main. Deux bombes dissimulées sur la route ont failli lui ôter la vie. Il s'en est sorti indemne, sans même une égratignure. En 2013, après dix ans de labeur, il démissionne et revient à Erbil, des dollars plein les poches. Il a appris le métier et créé sa propre SMP. Ali le rejoint. Il devient à 31 ans un *contractor*. Cette histoire, Ali ne l'a jamais racontée. C'est un secret de famille. Installé dans un bar d'Erbil, une bière à la main, il me dit : « Mon frère me tuerait s'il savait que je t'ai raconté ça. »

Le monde des SMP est un labyrinthe de mystères qui impose le secret à tous ceux qui franchissent sa porte, mais cela ne fait qu'aiguiser mon désir de savoir. Je le rassure. Je lui promets l'anonymat. On se connaît, il peut me faire confiance.

Je le regarde et je me dis que même les membres de Daech que j'ai interrogés étaient plus faciles à accoucher. Je pose des questions larges, qui le rassurent, avant de lui demander :

— C'était quoi ton rôle exactement au sein de la SMP de ton frère ?

Après avoir esquivé la réponse à plusieurs reprises, il finit par se lâcher. Il me confie :

— Au départ, mon frère me ménageait. Il me mettait sur des missions pas trop risquées. J'ai passé une bonne partie de l'année 2013 à transporter du matériel pour une compagnie d'électricité turque. Ensuite, une agence américaine de presse l'a contacté pour protéger ses journalistes et il m'a mis sur le coup. Là, comme tu le sais, c'était réellement chaud. Daech était là. Ils étaient même arrivés aux portes d'Erbil.

J'enchaîne les questions. Je ne veux pas lui laisser le temps de réfléchir.

— La boîte de ton frère avait d'autres missions, je suppose ?

— Oui, bien sûr, mais je préfère ne pas en parler.

Ali se referme comme une huître. Il faut lui laisser le temps de respirer. Je le regarde siroter sa bière. On trinque. On se raconte quelques anecdotes.

Ali a changé. Il n'est plus le play-boy que je connaissais. Il a vieilli avant l'âge. Marié et père d'un enfant, ses yeux rieurs ont disparu, laissant place à un regard abattu. Il boit chaque soir avant de finir la nuit dans un cabaret, à mater les prostituées. Il finit par m'expliquer :

— Lorsque Hachd al-Chaabi – les milices iraniennes – ont débarqué en Irak, les choses ont changé. La route n'était plus fiable. Ils ne respectaient rien. Nos laissez-passer accordés par la coalition internationale ne signifiaient rien pour eux. Un jour, un ami m'a demandé de lui ramener des armes d'Erbil. Ce n'était pas grand-chose. Juste quelques pistolets dans une mallette. Ils m'ont arrêté et je me suis retrouvé quelques heures après dans une de leurs cellules clandestines.

Ali marque un silence. Il regarde autour de lui avec méfiance. Il n'a aucune raison d'avoir peur et pourtant il en a l'air. Il finit sa bière d'un coup sec et poursuit :

— Ils m'ont gardé pendant un an, les fils de putes ! J'ai cru devenir fou. Je parlais aux mouches. Un jour, j'ai craqué, j'ai voulu mourir. Crois-moi ou pas, mais ma mère m'est apparue. Elle m'a parlé. Elle m'a dit de tenir, que j'étais fort. Elle a récité une prière pour moi.

Ali a les larmes aux yeux. Il craque. À sa sortie de prison, il a appris que sa mère était morte. Je reste silencieux. Je le regarde. Il se ressaisit et passe commande d'une bouteille d'arak.

À peine servi, il se jette dessus et prépare minutieusement son verre. Traditionnellement, on allonge un volume d'arak avec le même volume d'eau. Lui surdose son verre en liqueur anisée. Je lui demande :

— Et ton frère n'a pas pu te sortir de là rapidement ?

— Il a tout essayé, mais ces enfoirés ne sont pas normaux. Ils sont habités par je ne sais quoi. Même l'argent ne les intéresse pas.

L'histoire d'Ali me touche, mais le fait que des SMP irakiennes existent n'est pas banal. C'est une information à prendre au sérieux. S'il est déjà compliqué de poursuivre des SMP qui ont pignon sur rue dans les pays démocratiques, qu'en sera-t-il de celles qui émergent ailleurs dans le monde, là où l'État est fragilisé et les structures juridiques corrompues ou inexistantes ? Blackwater a semé des graines qui poussent à l'abri des regards. Les questions fusent dans ma tête. J'ai envie de tout comprendre. Qui fait appel à une SMP « made in Irak » ? Pourquoi ? Comment un Kurde irakien peut-il créer sa propre SMP ? Cette dernière question, je la pose à Ali. Il me répond. Il a l'air plutôt content de tourner la page de son passage en prison :

— En gros, il faut allonger un demi-million de dollars pour être autorisé à ouvrir une SMP. Ce n'est pas simple. Il faut obtenir une licence du gouvernement de Bagdad et une autre licence du gouvernement d'Erbil. Chaque licence coûte 250 000 dollars.

— Chaque année ?

Ali sourit. Je retrouve un peu le jeune homme d'avant, celui qui animait les soirées pour le plus grand plaisir de ses amis. Il me répond :

— Tu es fou ! Un demi-million de dollars, c'est une fortune. Cette licence reste valable tant que l'entreprise ne fait pas de bourde.

— Et comment on entre en contact avec la coalition internationale ?

— Sur Internet. C'est dingue, non ? Par contre, les contrats avec eux sont à renouveler chaque année.

— Et ça rapporte ?

— Ça dépend des missions. Transporter des matériaux n'est pas la même chose que transporter des armes. Chaque boulot a un prix. Mais t'inquiète, ça rapporte, sinon personne ne paierait 500 000 dollars pour travailler avec les Américains.

— Et toi, tu as déjà transporté des armes pour la coalition ?

— Oui, je l'ai fait. J'ai même transporté des armes, des Hummer sur des semi-remorques, de l'aéroport d'Erbil vers plusieurs sites. Mais je ne te dirai pas où exactement. C'était la guerre contre Daech, et notre convoi pouvait à tout moment tomber dans une embuscade. Mais j'ai survécu, comme tu vois.

Ali finit son verre et se lève d'un coup. Il est minuit. C'est l'heure du cabaret. Il me prend dans ses bras, et quitte le bar sans dire un mot, bien décidé à s'abandonner aux plaisirs de la chair, comme pour se prouver qu'il est encore en vie.

CHAPITRE 4

Émirats arabes unis, Libye, Chine, Ukraine… Les SMP investissent le monde

Chez moi, j'ai accroché au mur de mon salon la photo d'un enfant, en culotte courte, la tête baissée, fuyant à travers les ruines d'une rue de Beyrouth des années 1980. Elle a été prise par un inconnu et restaurée des années plus tard par une association libanaise. L'enfant est seul. Il pleut. Il court pour survivre. Je me demande en retraçant le parcours d'Erik Prince si ce cliché pourrait provoquer chez lui un semblant d'émotion. Lui, le père de sept enfants, qui a subventionné un orphelinat en Afghanistan, qui, tout en prêtant main-forte à la CIA pour éliminer les membres d'al-Qaida, a financé la construction d'une mosquée et qui, après avoir cédé Blackwater, a annoncé publiquement qu'il allait se consacrer à des œuvres caritatives et à l'enseignement sans jamais le faire.

En 2011, Erik Prince s'installe à Abu Dhabi, et rachète DVN Holdings Limited, une société enregistrée dans les Bermudes, qu'il renomme Frontier Services Group (FSG) en 2014. Il établit son siège social à Hong Kong. Sur son site, Frontier Services Group affiche la couleur. C'est une société qui permet à ses clients « d'opérer en toute sécurité et efficacement dans des environnements difficiles et hostiles ». Elle se vante d'avoir « un réseau mondial de partenaires et une équipe multinationale et multilingue ». À l'instar de Gregg Smith, un ancien marine, qui avait conseillé Prince sur la vente de Blackwater en 2010 et qui siège à la direction de Frontier Services, plusieurs ex-officiers de l'armée américaine n'hésitent pas à le suivre. Mais comme dans tout ce qu'Erik Prince conçoit, il y a une part d'ombre qui se cache dans les détails. Et dans le cas de Frontier Services Group, cette part d'ombre se nomme Citic Group, la plus grande société d'investissement public du gouvernement chinois. Cette dernière détient des parts non négligeables dans la nouvelle société de l'ex-dirigeant de Blackwater. Elle impose ses hommes au conseil d'administration et peut ainsi suivre de près sa stratégie. Erik Prince le « patriote » offre ainsi à la Chine qui s'est lancée à la conquête du monde son savoir-faire et son réseau au sein de l'armée américaine pour sécuriser ses investissements.

En 2014, Barack Obama dirige la Maison-Blanche. Erik Prince n'est alors pas le bienvenu. Il le sait. En homme d'affaires avisé, il analyse le monde et cible sans scrupule une puissance étrangère qui trente ans après la répression des manifestations de la place Tian'anmen, a lancé les nouvelles routes de la soie (« One Belt, One Road »). Surnommé le « projet du siècle » par le président chinois Xi Jinping, ce programme vise à accroître ses exportations, à écouler sa production et à sécuriser ses approvisionnements énergétiques. Mais ce projet pharaonique a un point faible : il traverse de nombreux pays instables, où prolifèrent des djihadistes et des réseaux criminels. Or la Chine est soucieuse de son image. Elle ne veut pas apparaître conquérante. Elle choisit de ne pas déployer son armée ouvertement pour protéger les 1 000 milliards de dollars que Xi Jinping a mis sur la table pour arriver à ses fins. D'autant plus que l'armée chinoise a pour principe la « non-interférence dans les affaires internes d'un État tiers ». Comme au début de la guerre contre « l'axe du mal » instaurée par Bush, Erik Prince exploite cette faille et offre au gouvernement chinois la protection qui lui fait défaut. Le gouvernement chinois accepte. Pékin ouvre ses portes et impose ses propres conditions. Fidèle à sa doctrine, la Chine attend d'Erik Prince un transfert de son savoir-faire. Même si elle compte environ cinq mille entreprises de sécurité, Xi Jinping sait que celles-ci manquent d'expérience et du savoir-faire qu'un homme comme Erik Prince, ex-soldat d'élite et fondateur de Blackwater, détient.

Volontairement ou pas, Erik Prince va faire faire aux sociétés militaires privées chinoises un bond en avant. D'un côté, le gouvernement chinois l'autorise à acquérir 25 % des parts de l'International Security and Defense College, une SMP basée à Pékin, et de l'autre Frontier Services Group ferme les yeux sur le transfert de son savoir-faire. En octobre 2017, six mois à peine après l'accord, l'International Security and Defense College annonce la sortie de sa première promotion spécialisée dans « la sécurité à l'étranger ». Au cours de la cérémonie de remise des diplômes, Erik Prince transmet par message vidéo ses félicitations aux élèves chinois. Aujourd'hui, l'International Security and Defense College de Pékin est installé à l'abri des regards, derrière des barbelés et un mur de 12 mètres de hauteur. Elle se définit comme « la plus grande école privée de formation à la sécurité en Chine » et se vante de former « des candidats aux normes internationales les plus élevées, les préparant aux défis de la gestion des programmes de sécurité pour servir les nouvelles routes de la soie ». Sur une vidéo promotionnelle de l'école, on peut lire sur un de ses murs : « Terrain d'entraînement pour les guerriers ».

Deux ans plus tard, un média officiel chinois cité par l'agence Reuters déclare que Frontier Services Group se serait engagé à investir 40 millions de yuans, soit un peu plus de 5 millions d'euros, dans un centre de formation militaire et policier dans la région occidentale du Xinjiang. Or c'est dans cette région que des centaines de milliers de Ouïghours sont internés arbitrairement dans des camps de travail et subissent des actes de stérilisation forcés. Suite à cette annonce, Erik Prince et Frontier Services Group sont montrés du doigt par la presse anglo-saxonne. Frontier Services Group se défend et annonce par le biais de son porte-parole que le communiqué avait été publié par erreur. Erik Prince affirme ne pas avoir connaissance de cet « accord préalable ». Gregg Smith, ami et ancien bras droit d'Erik Prince à Frontier Services Group, déclarera des années plus tard à un journal local du Colorado « qu'il a démissionné de FSG lorsqu'il a découvert que l'entreprise allait commencer à former le personnel militaire et de sécurité chinois ».

Plus étonnant encore, en 2021 à Misrata en Libye, alors que j'échangeais avec Mustapha, un militant libyen, sur le contournement de l'embargo sur les armes dans son pays, le nom d'Erik Prince est cité au détour d'une phrase. À l'époque, une trêve venait d'être signée. Quinze mille Libyens avaient perdu la vie et des centaines d'autres avaient disparu. Mustapha et une dizaine de jeunes avaient décidé de répertorier toutes les preuves de l'ingérence étrangère. Regroupés au sein de l'association Burkan al-Ghadab, ils étaient en colère. Ils voulaient poursuivre les hommes de l'ombre qui se cachaient derrière les crimes de guerre et les armes qui avaient inondé la Libye. Avec de simples appareils photo, ils ont sillonné les lignes de front, immortalisé les débris des bombes et répertorié les civils victimes de frappes de drones. Installés dans une maison prêtée par un donateur libyen, ils ont travaillé pendant des mois pour éditer un rapport détaillé sur les crimes de guerre commis dans leur pays. Après la diffusion de leur rapport, seules quelques chaînes arabes ont consacré un peu de leur temps d'antenne à leur labeur. Mustapha a été désigné porte-parole. Il était le plus à l'aise pour répondre aux questions des journalistes. Lors de notre rencontre, il portait une chemise demi-manches et un pantalon à pinces. Il détonnait par rapport à ses camarades tous en jean et sweat à capuche. Cigarette à la main, ils le regardaient répondre à mes questions.

— Vous avez l'air déçu. J'ai l'impression que vous vous attendiez à un impact réel suite à la sortie de votre rapport ?

Mustapha répond d'un air moitié gêné, moitié furieux :

— On a vraiment cru qu'il pouvait changer les choses mais malheureusement une information en chasse une autre. La nôtre n'est apparemment pas importante aux yeux des journalistes et surtout de la presse occidentale. Les crimes en Libye, ça n'intéresse personne.

Mustapha me tend le rapport et il ajoute :

— Et pourtant, on a travaillé dur. On a vérifié chaque information que l'on a écrite dans ce document. On l'a édité chez un professionnel car on croit que les mots ont une valeur et que le papier est éternel. Ensuite, on a communiqué pour essayer d'alerter le maximum de personnes. On a même transmis ces documents aux responsables de l'ONU et à plusieurs ambassadeurs occidentaux. Mais notre travail est resté lettre morte. Juste des mots et des chiffres, dans un joli rapport.

Mustapha marque un temps de silence et poursuit :

— Malheureusement nos vies, notre histoire et nos souffrances ne sont plus que des chiffres sur un papier glacé. Quelques-uns nous ont répondu avec des lettres génériques, d'autres nous ont exprimé des condoléances avec beaucoup de gentillesse mais c'est tout. Personne n'a vraiment agi !

Mustapha a croisé des mercenaires syriens, soudanais et tchadiens. Son équipe s'est même amusée à prendre en photo quelques-uns d'entre eux emprisonnés par l'armée de l'Ouest avec leur rapport à la main. Mustapha s'est déplacé à l'école militaire juste après qu'une bombe larguée par un drone a pulvérisé toute la promotion de l'établissement. Il a aussi filmé les fameux missiles Javelin, propriété de la France et retrouvés dans une caserne militaire abandonnée en Libye. Des armes interdites à la vente qui n'auraient jamais dû passer des mains de l'armée française à celles des combattants de l'est de la Libye. Je me souviens avoir posé la question à Jean-Yves Le Drian, en septembre 2021, à l'époque ministre des Affaires étrangères. Il m'avait répondu simplement : « Les Javelin ! C'étaient juste des armes inutilisables qui ont fait beaucoup parler d'elles… »

Avec les jeunes de son association, Mustapha a été témoin de l'ingérence étrangère dans son pays sans pouvoir agir. Des dizaines d'exemplaires de son rapport dorment dans une pièce sombre. Il me les montre. Il m'invite à en prendre une dizaine et à les distribuer aux journalistes français. Nous passons la journée à discuter des nombreuses exactions commises en Libye. Il est intarissable. Les Émirats arabes unis et leur dirigeant Mohammed ben Zayed qui derrière son ouverture vers le monde « finance en catimini des guerres », l'Égypte et son dictateur Al-Sissi qui « sous couvert de son combat contre les djihadistes s'est débarrassé de plusieurs jeunes révolutionnaires et opposants démocrates, torturés dans l'indifférence générale du monde »… Et le nom d'Erik Prince surgit. Je n'étais pas surpris. Après des années à sillonner les terrains de guerre, ma capacité d'indignation est intacte, mais rien ne me surprend plus. Mustapha me montre quelques documents extraits d'un rapport de l'ONU qui désigne Erik Prince comme l'un des marchands d'armes qui a participé au contournement de l'embargo sur les armes en vigueur depuis quarante et un ans en Libye. Ce rapport de cent vingt et une pages, confidentiel à l'époque, que j'ai réussi à me procurer quelques jours plus tard, démontre preuve à l'appui qu'Erik Prince a monté une opération impliquant des mercenaires étrangers, des hélicoptères, des avions et des dispositifs de brouillage pour aider Khalifa Haftar, l'homme fort de l'est de la Libye, à faire chuter le gouvernement de l'Ouest libyen soutenu par la communauté internationale. Selon les experts de l'ONU, le coût de cette opération s'élèverait à 80 millions de dollars. Erik Prince aurait aussi proposé au général Haftar de former des mercenaires à traquer et à tuer certains commandants libyens de l'Ouest.

Dans le même rapport, je découvre que l'une des opérations a impliqué au moins trente et une personnes de six États membres de l'ONU, « l'Australie, la France, Malte, l'Afrique du Sud, le Royaume-Uni et les États-Unis ». Et que la planification, l'approvisionnement, le soutien logistique et/ou les activités opérationnelles ont eu lieu dans huit pays, « l'Angola, le Botswana, la Jordanie, Malte, l'Afrique du Sud, les Émirats arabes unis, les États-Unis et la Libye ». Les trois sociétés-écrans utilisées pour « la planification, la gestion et le financement de l'opération » sont toutes basées aux Émirats arabes unis. Elles sont

« contrôlées et gérées » par un seul homme, Christiaan Paul Durrant, un ami d'Erik Prince. C'est aussi un ancien directeur des opérations de Frontier Services Group. Les yeux châtains presque bridés, les cheveux courts et grisonnants, le corps svelte, il se définit comme « un penseur stratégique, un entrepreneur et un chef d'entreprise respecté, passionné par l'autonomisation des citoyens des pays déchirés par les conflits ». D'après les experts de l'ONU, c'est lui qui s'est rendu en Jordanie pour acheter trois hélicoptères de marque Cobra AH-1F pourvus de supports pour mitrailleuses et lance-roquettes. Or ces engins de guerre sont de fabrication américaine et leur vente nécessiterait l'autorisation du gouvernement des États-Unis. Interrogé par l'armée jordanienne sur la légalité de son action, Christiaan Paul Durrant leur aurait répondu qu'il avait « toutes les autorisations requises » et que le travail de son équipe avait été approuvé « au plus haut niveau ». Mais les Jordaniens ont douté. Ils ont hésité et ont fini par mettre fin à la vente, forçant l'équipe de Christiaan Paul Durrant à quitter le pays et à se procurer en urgence de nouveaux avions en Afrique du Sud. Face à l'armée jordanienne, Christiaan Paul Durrant ne manque pas d'humour. Il aurait utilisé un faux nom : Gene Rynack. À une lettre près, ce nom est emprunté à une fiction hollywoodienne : *Air America*, un film des années 1990. Interprété par

Mel Gibson, Gene Ryack est un pilote impliqué dans des opérations clandestines de la CIA. En 1969, lors de la guerre civile au Laos, il était chargé de ravitailler secrètement les maquisards anticommunistes en armes et en vivres pour les soutenir contre les alliés du Nord-Vietnam…

À la lecture du rapport de l'ONU, j'ai l'impression que notre monde n'est qu'une immense jungle où des hommes cyniques piétinent les espérances des peuples sans aucun remords. Tout y est, des mercenaires, des armes, des sociétés-écrans, des hélicoptères circulant sur des semi-remorques d'un pays à un autre, des échanges téléphoniques, des mails cryptés, des comptes bancaires offshore… Un scénariste expérimenté d'Hollywood n'aurait pas fait mieux avec, pour couronner le tout, le *timing* qui coïncide avec le retour des Républicains au pouvoir à la Maison-Blanche avec à leur tête un populiste et nationaliste, Donald Trump. Élu quarante-cinquième président des États-Unis, il va nommer la sœur d'Erik Prince, Betsy DeVos, secrétaire d'État à l'Éducation.

Lors de la publication du rapport en février 2021, Vince Gordon, l'un des avocats de Christiaan Paul Durrant, a refusé de répondre aux questions détaillées du journaliste Jeremy Scahill de *The Intercept*. En guise de justification, il lui a fourni un lien vers une déclaration dans laquelle son client Christiaan Paul Durrant reconnaît avoir créé la société appelée Opus citée par le rapport de l'ONU mais il ajoute que son travail n'avait jamais « impliqué d'opérations militaires ou de conflit armé ». Dans le même communiqué, il a précisé : « Je reste ami avec Erik Prince mais je n'ai aucune relation commerciale ou financière avec lui. »

Quant à Erik Prince, il a déclaré dans une interview au *New York Times* « qu'il n'a enfreint aucun embargo sur les armes et n'a rien à voir avec l'envoi d'avions, de drones, d'armes ou de personnes en Libye – point final ». Son avocat Matthew Schwartz a ajouté que « le rapport [de l'ONU] qui insinuait le contraire était basé sur une enquête incomplète et s'appuyait sur des sources biaisées. »

Deux mois après que le rapport de l'ONU a été divulgué, la société Frontier Services Group a annoncé la démission d'Erik Prince de son poste de président « en raison de ses autres arrangements commerciaux ». En clair, la démission d'Erik Prince n'aurait aucun lien avec le rapport du groupe d'experts de l'ONU.

L'histoire d'Erik Prince ne s'arrête pas là. Elle est extravagante et sans fin. Elle renaît de ses cendres chaque fois qu'une guerre est déclarée quelque part dans ce monde. Après le Moyen-Orient, l'Afrique, et la Chine, la voici ouvrant un nouveau chapitre de sa vie en Europe. Erik Prince, tel un charognard attiré par l'odeur du sang, réapparaît au Vodka Grill, une boîte de nuit en Ukraine. Selon un article publié en juillet 2021, dans l'hebdomadaire américain *Time*, il y a rencontré Igor Novikov, l'un des conseillers de Volodymyr Zelensky le président ukrainien, pour lui proposer un plan pour la création d'un « consortium de défense aérienne » qui pourrait rapporter 10 milliards de dollars de revenus et d'investissements. Daté de juin 2020 et obtenu en exclusivité par le magazine *Time*, il comprend une « feuille de route » qui se résume en trois points : la création d'une nouvelle société militaire privée de vétérans de la guerre en cours avec la Russie, la construction d'une nouvelle usine de munitions en Ukraine et pour finir le regroupement des principales entreprises ukrainiennes de l'aviation et de l'aérospatiale dans un consortium qui pourrait rivaliser avec « des sociétés comme Boeing et Airbus ». La proposition du milliardaire américain ex-dirigeant de Blackwater et de Frontier Services Group, qui plus est frère d'un membre du gouvernement de Trump, est prise au sérieux. Seul bémol, « ses alliés à Kiev » ne sont pas du goût du gouvernement ukrainien. Le premier est Andriy Artemenko. Il est député sans mandat, soutien de l'extrême droite nationaliste et accusé de trahison par une partie de la population pour avoir proposé un « plan de paix » russo-ukrainien à la Maison-Blanche. Le second est Andrii Derkach, un ex-député et homme d'affaires ukrainien, diplômé de l'école supérieure Dzerzhinsky du KGB, l'université d'élite pour espions basée à Moscou. Il sera poursuivi la même année pour avoir tenté d'interférer dans l'élection présidentielle américaine, visant à aider Trump à remporter un second mandat. Breon Peace, procureur des États-Unis pour le district oriental de New York, a annoncé sa condamnation le 7 décembre 2022 dans un communiqué où l'on peut lire : « La conduite de cet actif du Kremlin, qui a été condamné pour avoir tenté d'empoisonner notre démocratie, a montré qu'il est prêt, disposé et capable d'exploiter notre système bancaire afin de faire avancer ses objectifs illégaux. Les États-Unis ne seront pas un refuge où les criminels, les oligarques peuvent cacher leurs gains mal acquis ou influencer nos élections. »

Trump a perdu l'élection en janvier 2021. La proposition d'Erik Prince n'a jamais abouti.

CHAPITRE 5

Sadat, la SMP aux couleurs de l'islam du président turc Erdogan

Décembre 1995, la guerre est finie en Bosnie-Herzégovine. Elle a duré trois ans et elle a fait cent mille morts. À Srebrenica, huit mille trois cent soixante-douze hommes et adolescents n'auront pas la chance de vivre ce moment. Les uns ont été fusillés et les autres décapités, avant d'être enterrés dans des charniers. Les quatre cents casques bleus néerlandais de l'ONU supposés les protéger ont abandonné la ville, laissant le champ libre aux troupes serbes de Bosnie, conduites par Ratko Mladić et soutenues par le gouvernement serbe de Milošević. C'est la pire atrocité commise en Europe depuis la Seconde Guerre mondiale. Deux instances internationales, le Tribunal pénal international pour l'ex-Yougoslavie (une instance des Nations unies) et la Cour internationale de justice, vont reconnaître ce crime comme un génocide. Boutros Boutros-Ghali, secrétaire général de l'ONU de l'époque, admet devant les caméras de la BBC qu'à Srebrenica les Nations unies ont été « humiliées et abusées et qu'elles devront vivre avec cela ».

Un an plus tard, un groupe de généraux des forces armées turques a pour mission d'évaluer les impacts de cette guerre. Installé dans un avion militaire en direction de la Bosnie-Herzégovine, le général Adnan Tanriverdi discute avec son supérieur hiérarchique, le chef de l'état-major turc de l'époque. Ce dernier lui confie qu'une société militaire privée américaine lui a demandé de détacher un de leurs officiers dans leur entreprise. Adnan Tanriverdi découvrira plus tard que la SMP américaine s'est servie de la présence de cet officier turc dans ses rangs pour décrocher un juteux contrat consistant à réorganiser, moderniser et former la nouvelle armée bosniaque. L'approbation de l'état-major turc était une condition imposée par Alija Itzebegović, le président bosniaque de l'époque, pour décrocher le contrat. La présence d'un haut gradé de l'armée turque au sein de la SMP américaine a suffi pour le convaincre.

Pour Adnan Tanriverdi, ce coup de main à une SMP américaine est révoltant car il offre aux Américains l'opportunité de s'implanter durablement sur un sol musulman. Ce jour-là, l'idée de créer une société militaire privée turque pour défendre les intérêts des pays musulmans a germé dans sa tête. Seize ans plus tard, alors à la retraite, il fonde Sadat International Defense Consultancy et installe ses bureaux à Istanbul. C'est aujourd'hui l'unique SMP du pays. Déclarée au Journal officiel turc le 28 février 2012 sous le numéro 8015, elle est à l'abri de toute remise en cause de la légalité de son existence. Sur son site officiel, on peut lire que sa mission consiste à « établir une collaboration dans les domaines de la défense et des industries de défense avec les pays islamiques afin de permettre à ces derniers de prendre la place qu'ils méritent au milieu des superpuissances en leur apportant ses services de conseil et d'entraînement ». Sa cible, comme le dévoile clairement son logo, est l'ensemble du monde musulman, y compris des pays européens tels que la Bosnie-Herzégovine et l'Albanie. Pour Adnan Tanriverdi, Sadat a été créée pour concurrencer les SMP occidentales qui ne s'intéressent aux pays musulmans que « pour servir les intérêts de leurs gouvernements » qu'il n'hésite pas à qualifier de « croisés » et d'« impérialistes ».

Si Adnan Tanriverdi a eu le feu vert de l'État turc pour ouvrir la première société privée du pays, ce n'est pas le fruit du hasard. Sous la présidence d'Erdogan, la Turquie est devenue en quelques décennies une puissance militaire à l'influence grandissante et un partenaire à la fois incontournable et gênant de nombreux pays occidentaux. Depuis le refus de son intégration à l'Union européenne, sa stratégie du compromis est délaissée au profit d'un rapport de force froid et brutal. La Turquie, pourtant membre de l'OTAN, fait fi des droits de l'homme, des traités internationaux et n'hésiterait pas à poursuivre ses « ennemis » même sur le territoire de l'Europe, qui ne réagit pas, tétanisée par les risques migratoires et djihadistes. À titre d'exemples, l'envoi de mercenaires dans le Haut-Karabagh, l'atteinte à la souveraineté territoriale grecque, l'offensive contre les Kurdes en Syrie et les bombardements réguliers des positions du PKK en Irak, le non-respect de l'embargo sur les armes en Libye, le chantage aux migrants, l'ouverture de la plus grande base militaire en Somalie, le soutien du Hamas… La liste est longue et impressionnante.

Cette offensive militaire et diplomatique a deux visages. L'un est mis en lumière et représente une industrie de la guerre en pleine expansion. L'autre, représenté par Sadat soupçonnée d'être le bras armé officieux d'Erdogan, est tapi dans l'ombre. Tous deux ont un point commun : ils sont dirigés par des proches du président de la Turquie.

Côté lumière, il y a Selçuk Bayraktar, mari de la fille cadette et conseillère particulière d'Erdogan. Il est l'heureux dirigeant de la plus grande entreprise d'armement de Turquie et l'inventeur du drone turc Bayraktar-TB2. Un avion sans pilote devenu la star des champs de bataille. Le ministère ukrainien de la Défense a tourné un clip à sa gloire, diffusé sur TikTok, le chef des armées libyennes du gouvernement de

Tripoli a publié un selfie à ses côtés, le Maroc, la Tunisie, la Somalie, le Burkina Faso et le Mali viennent d'en acquérir plusieurs exemplaires... En quelques années les drones turcs conçus par Selçuk Bayraktar sont devenus incontournables sur les terrains de guerre et sont de véritables bras armés du régime du président turc Recep Tayyip Erdogan.

Le modèle Bayraktar-TB2 a bâti sa réputation lors de la guerre en Libye (4 avril 2019 - 5 juin 2020) en détruisant des systèmes russes antiaériens et en repoussant l'offensive du général Haftar, pourtant soutenu par la Russie, le groupe Wagner, les Émirats, l'Égypte et l'Arabie saoudite. Depuis, il a été utilisé en Syrie, en Azerbaïdjan, lors du conflit dans le Haut-Karabagh et dernièrement en Ukraine. Chaque fois, son utilisation a permis de faire basculer les rapports de force.

Son histoire a démarré en 2005. Selçuk Bayraktar, un jeune ingénieur turc diplômé du MIT, va faire le pari de lancer une production de drones aussi performants que les drones américains mais dix fois moins chers. « Si ce type de projet est soutenu, la Turquie deviendra numéro un dans le monde en matière de fabrication de drones ! C'est une formidable opportunité », prédisait-il avec conviction lors d'une démonstration de vol du premier prototype en 2005. Dix-sept ans plus tard, son pari est gagné. Son carnet de commandes est rempli pour les dix prochaines années. Les ressources allouées à la défense ont atteint 7,5 % du total des dépenses du pays et le volume des exportations du secteur de la défense et de l'aérospatiale a été multiplié par sept.

Côté ombre, il y a Adnan Tanriverdi, le fondateur de Sadat et ami intime d'Erdogan. Ils se sont connus en 1994 à Istanbul. À l'époque, Erdogan était maire de la ville et Tanriverdi dirigeait dans la même cité la base militaire de Maltepe. Adnan Tanriverdi a servi dans le corps d'artillerie de l'armée turque et a dirigé le commandement du front intérieur dans le nord de Chypre. L'armée turque est alors la garante de la laïcité dans le pays. Adnan Tanriverdi affiche ouvertement son attachement à l'islam. Pour certains de ses collègues, ses prises de position sont inadmissibles. Il sera poussé à prendre une retraite anticipée en 1996. Six ans plus tard, il sera réhabilité par Erdogan, fraîchement élu à la présidence, qui le nomme premier conseiller militaire. D'après la presse indépendante turque, c'est lui qui a soufflé l'idée à Erdogan de fermer les académies militaires, considérées comme un bastion de la laïcité. Elles seront remplacées par une université de défense nationale qui n'hésite pas à recruter une partie de ses élèves dans des écoles religieuses.

Adnan Tanriverdi navigue avec aisance dans les cercles du pouvoir. Il apparaît à plusieurs reprises sur des photos aux côtés d'Hakan Fidan, le directeur du service de renseignement turc. Il est aussi un proche du ministre actuel de la Défense, Hulusi Akar, qui a été son élève lorsqu'il enseignait à l'académie militaire des forces armées turques. Avec Erdogan au pouvoir, son discours anti-Occident ne choque plus. Sur un livret PDF, aujourd'hui supprimé du site de Sadat, Adnan Tanriverdi livrait une vision bipolaire du monde dans laquelle il prônait la nécessité d'une alliance militaire panislamique de type OTAN contre les « ennemis de l'islam » et appelait à l'union pour « la destruction d'Israël » qu'il décrivait à la fois comme « un poignard au cœur de l'islam » et « les yeux, les oreilles et le poing du monde chrétien ». Sa stratégie militaire pour battre définitivement Israël a été reprise le 12 décembre 2017 dans le quotidien turc *Yeni Şafak*, proche du président Recep Tayyip Erdogan et de son parti au pouvoir, l'AKP. L'article paru en amont du sommet de l'Organisation de la coopération islamique (OCI) à Istanbul sous le titre « Et si une armée de l'islam était formée contre Israël ? » souligne la supériorité en termes d'effectifs, d'équipements et de budget d'une armée de tous les États musulmans unis face à celle de l'État hébreu. Il recommande la mise en place de bases communes pour les forces terrestres, aériennes et navales et définit avec précision leur emplacement pour assiéger Israël. Le journal *Yeni Şafak* prolonge l'article sur son site Internet par une carte interactive. Des soldats et des chars d'assaut y sont placés sur un cercle autour du territoire d'Israël, offrant ainsi à ses lecteurs de quoi nourrir leur imagination.

Aujourd'hui, Adnan Tanriverdi a démissionné de son poste de conseiller militaire d'Erdogan. Il a aussi cédé sa place à la présidence de Sadat à son fils Melih Tanriverdi, plus policé. Melih ne renie pas les positions de son père mais il refuse d'être considéré comme un pourvoyeur de mercenaires. Interrogé par Dmitry Zaks, de l'AFP, il explique : « Notre entreprise n'a rien à voir avec une organisation de mercenaires, c'est l'irruption surprise de Sadat sur le terrain, face aux grandes puissances, qui explique cette campagne de désinformation. » Il nie toute présence des hommes de Sadat en Libye, en Syrie et au Haut-Karabagh et il ajoute : « Pensez-vous vraiment que nous sommes assez professionnels pour tromper les puissances mondiales ? »

Et pourtant…

Chapitre 6

Le mercenaire syrien de Sadat en Libye

Juin 2021, la voiture est à l'arrêt dans une ruelle de la banlieue de Tripoli en Libye. Je patiente sur le siège avant. À mes côtés, Salem, mon chauffeur, semble assoupi. Les trois heures de conduite de Misrata à la capitale libyenne sont arrivées à bout de son énergie. Je savoure ce moment de calme. À ma droite, un bâtiment éventré en observe un autre, moins imposant et plus chanceux, qui ne souffre que de quelques impacts de balles. La rue est déserte. Elle semble émerger d'une ville fantôme vidée de toutes ses âmes. Je patiente. Mon rendez-vous a vingt minutes de retard. Il s'appelle Hassan et c'est un mercenaire syrien. Il vient fouler le sol libyen pour combattre aux côtés du gouvernement de Tripoli qui fait face à une offensive du général Haftar. J'ai connu Hassan à Alep en Syrie il y a huit ans. À l'époque, il était un jeune révolutionnaire fougueux. Il devait avoir moins de 20 ans et la carrure d'un trentenaire qui imposait le respect. Il me disait que la place était enfin libre pour le rêve et que si elle ne l'était pas, il fallait la prendre par la force, quitte à sacrifier des vies. Il voulait le pouvoir, la fortune, l'amour d'une femme et se voyait déjà arpentant les couloirs du palais de Bachar el-Assad, le drapeau de la révolution entre les mains.

Hassan a appris à combattre très tôt, trop jeune, au sein de l'Armée syrienne libre. Il était courageux et doué. Blessé grièvement à l'épaule, il a survécu malgré des soins médicaux rudimentaires. À peine remis sur pied, il a repris les armes face à des djihadistes qui venaient de proclamer la naissance de l'État islamique. Il a fini par fuir sa ville pour la région d'Idlib où il a trouvé refuge dans une branche armée sous la protection de l'armée turque. C'est un « soldat » sans médaille qui survit avec 20 dollars par mois. Seul son bracelet reprenant le drapeau de la révolution rappelle qu'un jour il a cru pouvoir changer le monde. Dans une vidéo qu'il m'a envoyée avant mon arrivée en Libye, je n'ai pas eu de mal à le reconnaître. Il s'exhibait torse nu au milieu d'une rue, une kalachnikov à la main, une cartouchière autour du cou, garnie de balles, ouvrant le feu sur un ennemi invisible en hurlant « Allah Akbar » avant de courir trouver refuge derrière une voiture calcinée. Il n'était plus sur un front syrien mais bel et bien en Libye au service du gouvernement de l'Ouest soutenu par la Turquie.

Hassan ne viendra pas. Il ne daigne pas répondre à mes messages. Après deux heures d'attente, j'ai fini par me résigner à rebrousser chemin. À 1 heure du matin, mon téléphone vibre. Son nom apparaît, suivi d'un message court et concis. Il écrit: « Cher ami, j'ai dû parler de notre rendez-vous à mon chef d'unité. Même s'il te connaît bien, il m'a interdit formellement de te voir. Les officiers turcs qui nous encadrent nous imposent le silence. Je ne veux pas prendre le risque de perdre ma place. Je suis désolé. Si Dieu le veut nous nous reverrons bientôt chez moi en Syrie. »

Hassan est décédé quelques mois plus tard. Il a marché sur une mine. La mort a toujours été comme suspendue au-dessus de sa tête. Trop de combats et un excès de zèle ont usé la corde qui la retenait. Elle a craqué. La mort l'a frappé. Comme la craie qui s'efface d'un coup d'éponge sur un tableau noir, il s'en est allé sans que sa disparition ne fasse de vague. Officiellement, il n'a pas perdu la vie en Libye puisqu'il n'y a jamais mis les pieds. Son corps n'a jamais été rapatrié en Syrie.

Qui a recruté Hassan en Syrie, lui a fait traverser la mer Méditerranée, l'a armé, nourri et envoyé vers la mort en Libye ? Est-ce Erdogan ? Le gouvernement turc ? Les services de renseignement turcs ? Sadat, qui se définit comme une entreprise de formation de droit privé et qui nie tout lien avec des mercenaires ?

Pour les dirigeants libyens de l'Ouest, ces questions n'ont pas lieu d'être. Ils m'invitent volontiers à regarder ailleurs, du côté des mercenaires de leur ennemi le général Haftar.

Pendant des jours, j'ai remué ciel et terre pour accéder à la caserne des mercenaires syriens, sans résultat. J'ai sollicité les hommes les plus puissants du pays. À quelques nuances près, leur réponse a toujours été la même : « La caserne des Syriens n'est pas sous notre autorité. » Mohamed al-Raid, l'un des plus grands hommes d'affaires libyen, oriente mon investigation vers une autre direction. Il m'explique : « Ta demande est légitime mais cela ne t'avancera à rien de franchir la porte de la caserne des Syriens. Si tu veux vraiment savoir qui est derrière leur présence chez nous, je t'invite à suivre la route du gaz et du pétrole libyens et tu auras toutes les réponses à tes questions. »

Mohamed al-Raid a peut-être raison et à dire vrai je n'avais aucune autre piste à creuser. La Libye est effectivement un pays stratégique pour Poutine, pour Erdogan comme pour une grande partie des pays européens. Greenstream, le plus long gazoduc sous-marin en Méditerranée, relie l'ouest de la Libye à la Sicile. S'il fonctionnait à plein régime, il pourrait rendre l'Europe moins dépendante du gaz russe. Poutine et Erdogan le savent. Ce pipeline leur échappe. Il appartient à la fois à la compagnie italienne Ente nazionale idrocarburi (ENI) et à son homologue libyenne, la National Oil Corporation (NOC).

Pendant mon enquête sur le lien entre Sadat et les mercenaires syriens, Vladimir Poutine a lancé ses chars vers Kiev depuis plusieurs frontières. Cette offensive a réveillé les consciences : l'Europe se découvre dépendante du gaz russe, les prix du gazole et du gaz flambent et la population française a peur de ne pas pouvoir se chauffer durant l'hiver. Là où en Europe on ne parlait plus d'énergie qu'au travers des problématiques écologiques, la géopolitique de l'énergie a repris ses droits. On redécouvre le pouvoir accru des pays producteurs et de leurs compagnies nationales. La guerre de l'énergie refait surface sur le plan médiatique et pourtant elle n'a jamais cessé. Il suffit de superposer la carte des producteurs de gaz et de pétrole et celle des pays en guerre pour s'en rendre compte.

Déjà en 2008, pour contrer ce rapprochement entre l'Italie de Berlusconi et Kadhafi, Poutine invite le président libyen à Moscou et lui propose d'annuler sa dette, en contrepartie de l'installation du géant russe Gazprom en Libye. Pour le chef du Kremlin, le gaz libyen mérite ce généreux cadeau de 4,5 milliards de dollars. Cela lui permet de maîtriser toutes les routes du gaz qui alimentent l'Europe.

Le soulèvement libyen et la mort de Kadhafi vont chambouler ses projets. La France, qui a aidé les révolutionnaires à se débarrasser d'un dictateur, est la mieux placée pour récolter le fruit de son intervention. Ni Poutine, ni Erdogan, ni même les autres pays européens ne comptent la laisser faire. Poutine entre en résistance. Il soutient l'homme qui détient les plus grands champs pétroliers du pays : le général Haftar. Erdogan temporise. Il sait que son heure viendra. L'offensive du général Haftar pour conquérir la capitale libyenne lui offre l'opportunité d'entrer en lice. Pour renverser le cours de la guerre, le gouvernement de l'ouest de la Libye, reconnu par l'ONU, ouvre les portes de son territoire à la Turquie. Ghassan Salamé, envoyé spécial de l'ONU à cette époque, me confie : « Il y a eu un moment, à la fin de l'été 2019, vers septembre ou octobre, où le gouvernement reconnu par l'ONU, c'est-à-dire le gouvernement de M. Fayez el-Sarraj, se sentait en difficulté... Ils étaient vraiment dans les faubourgs de la ville. C'est alors que le gouvernement, et M. El-Sarraj m'en a informé, a écrit une lettre d'appel au secours à plusieurs pays, notamment les États-Unis, mais aussi l'Algérie et la Turquie. Seule la Turquie a répondu. »

Dans des locaux flambant neufs de l'une de ses entreprises, l'homme d'affaires Mohamed al-Raid, qui a participé aux négociations avec la Turquie, m'explique : « J'ai rencontré à plusieurs reprises les responsables turcs. Après l'entrée de Wagner, nous avons été obligés de conclure un accord avec la Turquie. » Il marque un silence et ajoute : « À la différence d'Haftar, notre accord est légal. Nous n'avions jamais voulu d'une intervention étrangère. Elle nous a été imposée. On a choisi les Turcs car ils nous ressemblent. Ils ont aussi des intérêts économiques à défendre qui se chiffrent par dizaines de milliards. » Au Quai d'Orsay, cette intervention de la Turquie sur le sol libyen fait grincer des dents. Lors d'un entretien réalisé en 2021, Jean-Yves Le Drian, à l'époque ministre des Affaires étrangères, me précise : « Je vous rappelle que le gouvernement du président El-Sarraj était provisoire et qu'il n'avait pas le droit de conclure des accords internationaux. Ce qu'il a fait néanmoins. Et les Turcs se sont emparés de cet accord-là pour installer des Syriens…, c'est tout à fait condamnable. »

En juillet 2021, alors que je poursuivais mon enquête sur l'ingérence étrangère en Libye, un inconnu me contacte le matin par téléphone. Il se présente :

— Je suis Ibrahim, l'ami d'un de tes amis. J'ai des informations exclusives qui pourraient t'intéresser.

Rien ne me surprend plus en Libye. J'ai pensé qu'à force de solliciter l'aide de tous mes contacts, l'un d'eux avait fini par avoir pitié de moi et envoyait Ibrahim à ma rescousse. Je ne demande même pas l'identité de ce mystérieux ami qui me veut du bien. Je réponds naturellement :

— Vous êtes le bienvenu. Je suis preneur de toute confidence qui pourrait m'aider dans mon enquête.

— Je te propose de nous retrouver à Misrata. Réserve une chambre à l'hôtel Almassa, il propose des appartements en location, ce qui nous permettra de discuter sereinement.

— OK ! Je peux y être demain vers 16 heures…

Je prends la route de Tripoli à Misrata. Nous sommes trois à faire le voyage. Salem au volant, moi assis à ses côtés et à l'arrière Julien Mauranne, mon chef opérateur. Tout le monde est plongé dans ses pensées. Je regarde le ciel, les bâtiments, le désert qui défile par la fenêtre. J'ai tellement emprunté cette route que j'ai l'impression que tout m'est familier. Le vendeur de poisson ambulant est toujours posté sur la route côtière au même rond-point. Un chapeau de paille sur la tête, il observe patiemment la glace fondre sous son étal de poisson. Les visages des soldats sur les check-points me semblent amicaux. Ils sont souvent très jeunes. Ils ont hérité du désordre de leurs aînés et ne rechignent pas à se tenir debout sous le soleil pendant des heures à scruter des voitures. À mi-chemin entre Tripoli et Misrata, le discret centre psychiatrique où sont enfermés des jeunes traumatisés par la guerre, devenus accros au Captagon, une drogue fabriquée en Syrie, qui fait des ravages au Moyen-Orient et qui a traversé les frontières jusqu'en

Libye. J'observe pour la énième fois les dunes de sable qui flirtent par endroits avec la mer Méditerranée. Un paysage d'une indéniable beauté si on veut bien faire abstraction des centaines de bouteilles en plastique vides éparpillées sur le sol. Puis, après trois heures de route, apparaît le gigantesque drapeau de la révolution libyenne qui flotte aux portes de Misrata et annonce que le voyage est fini.

Je m'installe, comme convenu au téléphone avec Ibrahim, dans un appartement de l'hôtel Almassa. Il est froid et sans âme. Simple coïncidence, ce lieu m'a servi pour un entretien quelques années auparavant avec le chef du renseignement libyen. Un homme soucieux de sa sécurité qui avait réservé tout l'étage. Je me souviens de l'emplacement de sa garde rapprochée, postée, armes à la main, à chaque extrémité du couloir. Je souris. Cette fois-ci, le décor est identique mais c'est avec un parfait inconnu que j'ai rendez-vous et pourtant je ne suis pas inquiet. Finalement, c'est peut-être ça le plus dangereux. Baisser la garde et ne plus sentir le danger.

Quelques heures plus tard, Ibrahim frappe à la porte. Il s'installe timidement sur le canapé. Je l'observe. Il n'est pas comme je l'imaginais. Je pensais voir débarquer un homme baraqué et sûr de lui, je me retrouve face au corps tout sec d'un jeunot à lunettes. Son regard doux invite à la sympathie. Ibrahim sort de son sac à dos un disque dur et me le tend.

— Voici le colis. C'est un cadeau d'un ami à toi qui préfère garder l'anonymat. Il m'a dit que tu comprendrais quand tu découvrirais son contenu.

Je prends le disque en main et lui rétorque :

— Il y a quoi sur ce disque ? Tu le sais ?

— Non, pas du tout et je ne veux pas savoir. Je ne suis qu'un messager qui a pour mission de te le livrer en main propre. On m'a aussi précisé que tu pouvais le garder seulement une journée, le temps de faire une copie. Je reviendrai demain le récupérer, *inchallah*.

Je propose à Ibrahim un thé, qu'il refuse. Il a l'air pressé de déguerpir. Je ne le retiens pas. Au fond de moi, je trépigne comme un enfant devant son cadeau de Noël. Je le raccompagne à la porte, le remercie et lui donne rendez-vous le lendemain à la même heure. Une fois seul, je saute sur mon ordinateur pour brancher le disque dur. Le cordon entre les mains, je marque un temps d'arrêt. Je pense aux malwares, ces logiciels espions capables d'aspirer les données. Avant même que mes soupçons ne se dissipent, ma main a déjà relié le disque dur à mon ordinateur. L'appréhension est vite oubliée. Je clique, un unique dossier apparaît avec des initiales en arabe en guise de nom. À l'instar des poupées russes, je l'ouvre et fais apparaître des dizaines de dossiers. Je clique au hasard sur l'un d'eux, pour me retrouver face à d'autres. Je visionne au gré des déplacements de mon curseur. Un homme est au centre de toutes les vidéos. C'est Fathi Bashagha, l'ex-ministre de l'Intérieur libyen qui vient de démissionner pour se déclarer candidat à la présidence. C'est un poids lourd du gouvernement de l'Ouest. Je vois défiler ses déplacements officiels comme ses réunions privées. Je découvre abasourdi les échanges stratégiques avec ses conseillers. Je vois défiler dans son bureau des hommes d'affaires, des marchands d'armes, des membres des services de renseignement libyens et étrangers, etc. Trois téraoctets[1] de données, une mine d'informations considérables qui représente les archives internes du ministère de l'Intérieur libyen. Je réalise qu'une partie des documents sont classés secret-défense. Ce qui me semblait être une banale rencontre avec une source inconnue prend soudain des allures de film d'espionnage. Sauf que là, ce n'est pas une scène tirée d'un film de fiction mais bel et bien la réalité. Le disque est réel. Je ne rêve pas. Les images qui défilent sous mes yeux le prouvent. En France, dévoiler des documents classés secret-défense est un « délit de compromission » et même un lanceur d'alerte mû par les meilleures intentions s'expose à une peine de cinq ans de prison et 75 000 euros d'amende.

1. Un téraoctet (To) équivaut à 1 000 gigaoctets (Go) et à 1 million de mégaoctets (Mo).

En Libye, je n'ose même pas imaginer la sentence que l'on pourrait m'infliger, d'autant plus que je suis un étranger, dans un pays englué dans une guerre qui n'en finit pas. Une chose est sûre : je risque gros. Ici, il n'est pas rare que les histoires se règlent à coups de calibre, en plein jour et sans choquer personne. D'autant plus qu'à Misrata, la France n'est pas forcément la bienvenue. Elle est soupçonnée, et à raison, de soutenir discrètement son ennemi le général Haftar.

Fathi Bashagha est un homme de réseaux, proche des Frères musulmans, qui ambitionne de devenir président de la Libye. Pilote de chasse, il rejoint dès le début le camp des révolutionnaires. Il devient le porte-parole des groupes armés et se fait connaître à l'étranger en assurant la liaison entre les puissantes milices de Misrata et l'OTAN. Lors des premières élections libres du pays, il entre en politique et sera élu député. Très vite, il gravit les échelons et s'impose à la tête du ministère de l'Intérieur. Fathi Bashagha soigne son image à l'intérieur comme à l'extérieur du pays et n'hésite pas à investir les réseaux sociaux pour séduire les plus jeunes. En novembre 2019, alors que la guerre bat son plein et que le général Haftar est aux portes de Tripoli, c'est lui qui obtient un accord bilatéral militaire avec la Turquie. À l'été 2020, l'arrivée des forces turques accompagnées des mercenaires syriens scellera la défaite d'Haftar dans la bataille de Tripoli.

Qui est cet ami resté dans l'ombre qui m'a « offert » ce disque dur dévoilant les secrets d'un poids lourd de la politique libyenne ? Et pour quelle raison l'a-t-il fait ? Est-ce un piège pour me faire passer pour un espion au service de la France ? Face aux documents, les questions se bousculent et restent sans réponse. Seul dans ma chambre d'hôtel, je suis envahi par la peur. J'essaie de me raisonner, je me dis qu'il y a beaucoup plus simple pour se débarrasser d'un journaliste trop curieux. Pourquoi prendre la peine de me mettre un disque dur entre les mains ? Ça n'a aucun sens. Je regarde l'heure et je réalise que je n'ai plus qu'un quart d'heure pour me procurer des disques durs vierges pour en faire une copie. Les magasins d'informatique sont rares à Misrata et il est presque l'heure où les rideaux se baissent. Je décide de me mettre en action. Je commence par mettre Julien, mon chef opérateur et compagnon de route, dans la confidence. Il a le droit de savoir. Sa présence à mes côtés le met lui aussi en danger. Julien arrive. Je lui explique la situation. Il jette un coup d'œil rapide sur quelques images. Il ne réagit pas. C'est ce que j'aime en lui, cette capacité à rester de marbre quelles que soient les circonstances. Il me dit simplement : « J'ai deux disques vierges dans mon sac de tournage. Je pense que cela suffit pour les copies. Pas besoin de se précipiter dehors pour en acheter », et il ajoute avec un léger sourire aux lèvres : « Tu vas te faire un ennemi de taille, tu en es conscient ? L'ex-ministre de l'Intérieur et peut-être le futur président libyen. C'est comme si en France tu avais placé discrètement une caméra dans le bureau de Nicolas Sarkozy quand il était encore place Beauvau. » Je fais bonne figure et lui souris en guise de réponse. Malgré tout, sa présence me détourne de mes angoisses. Je l'accompagne dans sa chambre. Il se met au travail et il lance la copie du disque. Elle dure une bonne partie de la nuit.

Au lever du jour, ma décision est prise : je vais poursuivre mon enquête sur Sadat comme si de rien n'était et consacrer mes nuits à analyser les images du disque dur. Julien approuve. Le disque dur prendra place dans nos bagages parmi les rushs de nos tournages. Ne dit-on pas que la meilleure cachette du monde est celle qui prétend ne rien cacher ?

CHAPITRE 7

Fathi Bashagha, la Turquie et le trafic d'armes

Une porte s'ouvre sur une pièce aveugle et laisse entrevoir une table et quelques chaises. Fathi Bashagha, le ministre de l'Intérieur libyen, est assis, un masque anti-Covid sur le nez. Face à lui, le visage impassible, Hulusi Akar, général et ancien chef d'état-major des forces armées turques nommé en 2018 ministre de la Défense par Recep Tayyip Erdogan. Chacun des deux hommes est escorté de trois militaires à la poitrine ornée de décorations. Une femme en civil, le dos courbé, se tient en retrait derrière le ministre de la Défense turc. Elle assure la traduction. La salle est exiguë. Un simple néon éclaire les visages. La réunion paraît secrète. Elle se déroule en Libye, quelque part au bout d'un couloir plongé dans l'obscurité d'un bâtiment officiel du gouvernement de l'Ouest. Un simple téléphone semble filmer clandestinement l'échange. La parole est libre. Cette scène est extraite d'une vidéo découverte sur le disque dur que m'a remis Ibrahim.

Tout laisse penser qu'elle a été filmée alors que la guerre fait rage dehors. À l'époque, le gouvernement de l'Ouest auquel appartient Fathi Bashagha a besoin du soutien de la Turquie pour contrer l'offensive du général Haftar. Tripoli est encerclée et les troupes de l'Ouest manquent d'armes et de soldats. La Libye est sous embargo depuis 2011. Il interdit aux Libyens d'exporter ou d'importer des armes et oblige les États membres de l'ONU à empêcher la fourniture directe ou indirecte d'armements à la Libye. Autour de la table, les deux ministres le savent. Fathi Bashagha prend la parole en premier :

— Je vous propose qu'après cette réunion nous déjeunions à l'école militaire de l'armée de l'air de Misrata. C'est grâce à votre aide que le site a réouvert ses portes. Si cela vous convient bien sûr.

Hulusi Akar, le ministre de la Défense turc, écoute la traduction sans détourner le regard de son interlocuteur. Il répond :

— J'accepte volontiers votre invitation. Nous allons inclure cette visite dans notre programme.

Fathi Bashagha hoche légèrement la tête et ajoute :

— Le site de l'armée de l'air est remis en état mais il a encore besoin de vous pour être opérationnel.

Hulusi Akar montre du doigt le militaire à sa droite. Celui-ci a le nez dans son bloc-notes. Il retranscrit la moindre syllabe prononcée dans la salle sur un simple cahier à spirales. Il rétorque :

— Mes hommes vont noter tous vos besoins et ils vont faire le nécessaire.

Le masque anti-Covid glisse du visage de Fathi Bashagha. Un sourire apparaît. Le ministre libyen a l'air satisfait. Il répète à plusieurs reprises : « Merci. »

Les deux hommes se lèvent. Ils se saluent avec les coudes et quittent les lieux. Les militaires restent autour de la table et poursuivent la discussion.

Dans le même disque dur, dans un document estampillé confidentiel, je découvre la copie de deux lettres signées par Fathi Bashagha et adressées au gouverneur de la banque centrale de la Libye. Le ministre de l'Intérieur libyen ordonne au gouverneur de transférer 239 millions d'euros au groupe d'armements turc SSTEK. Ce groupe est le fleuron de l'industrie de défense de la Turquie. Fondé en 2016 sous la présidence d'Erdogan, il opère à la fois dans le domaine de l'aviation, de l'espace et de la sécurité intérieure.

Un autre dossier regorge de photos d'un porte-conteneurs stationné dans le port de Tripoli en Libye. Sur la coque du navire, on peut lire, bien visible, son nom : le *Bana*. Dans la cale, des dizaines de véhicules blindés de marque ACV-15 sont alignés. Ils partagent l'espace avec des canons GDF et des véhicules de transport de troupes. Une simple recherche sur Internet me confirme que toute la cargaison visible sur les photos est de fabrication turque.

Installé dans ma chambre d'hôtel à Misrata, je réalise que j'ai entre les mains les preuves d'un trafic d'armes qui contourne l'embargo et fait fi du droit international. Je me lève. Je tourne en rond. Cela fait quatre jours qu'Ibrahim m'a livré le disque dur. La boule d'inquiétude que j'avais réussi à faire disparaître après son départ s'est réinstallée au creux de mon ventre et avec elle les mêmes interrogations qui ressurgissent. Pourquoi moi ? Suis-je manipulé ? Et si c'est le cas, par qui ? Je pense au trafiquant d'armes rencontré à la frontière syrienne en 2013 à qui je demandais la provenance des RPG qu'il transportait sur ses chevaux et qui en guise de réponse m'avait rétorqué d'un air moqueur : « Tu es vraiment naïf si tu penses qu'un trafiquant d'armes va répondre à ta question. La règle dans ce métier est de rester dans l'ombre et garder ses distances avec les gens trop curieux comme toi. Si un jour il y en a un qui le fait, dis-toi bien qu'il a reçu le feu vert pour le faire. La raison est souvent simple : embarrasser un concurrent trop gourmand. »

Je m'installe encore une fois devant mon ordinateur. Je repasse en revue les photos. Je relis minutieusement les deux lettres de Fathi Bashagha. Je me dis que celles-ci peuvent être de « vrai faux » documents destinés à me tromper. Mais les photos du *Bana* sont bel et bien réelles. Je ne peux remettre leur authenticité en doute. Je décide de suivre la trace de ce navire. En Libye, ma marge de manœuvre est limitée. Faire des recherches sur le *Bana* sur Internet peut attirer l'attention sur moi. Et je l'avoue, avec le disque dur d'Ibrahim dans mes bagages, je suis devenu parano. Je décide de faire appel à Wassila Belhacine, une enquêtrice de l'agence Capa. Basée à Paris, elle a peu de chance d'éveiller des soupçons. Nos échanges se font par boîte mail cryptée. Wassila se met au travail. Elle contacte le contre-amiral Fabio Agostini, commandant de l'opération militaire de l'Union européenne en Méditerranée (EUNAVFOR Med Irini). La tâche principale de l'opération Irini est de mettre en œuvre l'embargo sur les armes imposé par les Nations unies à la Libye, établi par la résolution 1970 (2011) du Conseil de sécurité de l'ONU. Le contre-amiral Fabio Agostini a à sa disposition des moyens aériens, des satellites et des navires de guerre européens. Il est chargé de procéder en haute mer, au large des côtes libyennes, à l'inspection de navires soupçonnés de transporter des armes en violation de l'embargo, et ce quelle que soit leur provenance. Il lui promet un entretien dans les semaines qui suivent mais ne lui fournit aucune information sur le *Bana*. Cet entretien n'aura jamais lieu.

Wassila ne baisse pas les bras. Elle découvre qu'un journaliste anglais de la BBC, alerté par une photo du *Bana* apparue sur Twitter, suit la même piste. Tous deux se tournent vers le site de MarineTraffic qui est le premier site mondial de suivi de navires et de renseignements maritimes. C'est un site communautaire et collaboratif ouvert à tous. Elle découvre que le *Bana* était censé faire le trajet du port international de Mersin en Turquie à celui de Gabès en Tunisie mais qu'à l'approche des côtes libyennes, il a éteint son transpondeur, qui permet aux satellites de le géolocaliser, et a disparu des radars. Les photos trouvées sur le disque dur montrant le *Bana* amarré à l'un des quais du port de Tripoli prennent tout leur sens. Sourire aux lèvres, le jeune militaire libyen de l'Ouest qui réalise un selfie aux côtés de blindés turcs de dernière génération sur le point de quitter le navire ne laisse plus de place au doute. Le *Bana* a bel et bien chargé les armes en Turquie et les a livrées à l'armée de l'ouest de la Libye.

Cinq jours avant l'apparition du navire à Tripoli, le président de la Turquie, Recep Tayyip Erdogan, était à Berlin pour une conférence dont l'objet principal était de mettre fin à l'ingérence étrangère et aux livraisons d'armes à la Libye. Ghassan Salamé, l'émissaire des Nations unies en Libye, qui a organisé cette conférence, s'en souvient et ne décolère pas. Il m'explique : « J'ai mis des mois à convaincre onze pays dont la France, la Russie, la Turquie, les Émirats arabes unis, le Qatar, et l'Arabie saoudite à se réunir... Tous sont des acteurs d'une manière ou d'une autre du conflit libyen. Mon but était d'influer sur ces pays en vue d'un cessez-le-feu. Je voulais qu'ils s'abstiennent de toute ingérence dans le conflit armé. Au départ, j'étais satisfait car ils ont tous ratifié une déclaration commune qui appelait à s'abstenir de livrer des armes et à relancer le processus politique. Mais l'histoire nous a montré qu'à peine la réunion terminée aucun d'eux n'a tenu parole et que les livraisons d'armes n'ont jamais cessé. »

Le *Bana* ne sera pas inquiété. Il quitte le port de Tripoli et navigue sereinement vers l'Italie. Malgré l'indignation des membres des organisations internationales, le temps des marchands d'armes n'est pas révolu. Ils travaillent dans l'ombre au service d'États peu scrupuleux. Mais il suffit parfois d'un grain de sable pour défaire tous leurs plans et mettre au jour leurs secrets. Dans la guerre libyenne, ce trublion se nomme Hleiss Hamza. Il est l'un des officiers du porte-conteneurs le *Bana*. Pendant le voyage de la Turquie vers Tripoli, il découvre les armes, prend peur et exprime ouvertement son refus d'être mêlé à un trafic d'armes. Il demande des explications à son capitaine. Ce dernier le somme d'obéir aux ordres sans poser de question. Hleiss Hamza n'en reste pas là. En pleine mer, il se faufile dans la cale du bateau et réalise discrètement des photos du chargement. Une fois la cargaison livrée à Tripoli, le *Bana* fait escale au port de Gênes. Il en profite pour s'éclipser en douce. Il contacte la police italienne, présente une demande d'asile politique et dévoile preuves à l'appui l'histoire de la cargaison d'armes. Les autorités italiennes lancent un mandat d'arrêt contre les membres de l'équipage. Alors que le navire est sur le point de larguer les amarres, le capitaine, de nationalité libanaise, est arrêté et mis en garde à vue. Interrogé par la police italienne, il finit par avouer le transport d'armes en Libye et confirme la présence de dix militaires et agents secrets turcs sur son navire. Ces derniers, qui avaient pour mission de garder un œil sur les armes, auraient débarqué à Tripoli. Dans le procès-verbal que j'ai réussi à me procurer, l'identité du capitaine est dévoilée. Son nom : Youssef Tartoussi. Il est de nationalité libanaise. Il a été reconnu coupable des crimes suivants : « Participation à l'importation, l'exportation et le transit illicite de matériel militaire – des chars, des véhicules équipés de lance-roquettes, des mitrailleuses, des explosifs – d'abord dans les eaux internationales, puis en Libye, avec leur transfert ultérieur, à Tripoli, à des personnes non identifiées ».

C'est donc en janvier 2020 que le *Bana*, qui naviguait jusqu'alors en Méditerranée dans l'indifférence générale, est propulsé du jour au lendemain sur le devant de la scène. D'après le procès-verbal de la police italienne, ce navire appartient à la société de fret maritime Med Wave Shipping SA. Huit mois plus tard, cette entreprise sera inscrite sur la liste noire de l'Union européenne. L'identité de son dirigeant n'est pas dévoilée. Seules deux adresses postales sont mentionnées sur le journal officiel de l'UE : l'une est au Liban et l'autre en Jordanie.

Je vais attendre mon retour en France afin de remonter le fil de l'histoire de ce navire vieux de plus de quarante ans. Ce que je vais alors découvrir me révolte et met en question la capacité des organisations internationales à combattre le trafic d'armes. Les marchands de mort sont cyniques, je le sais. Ils n'ont aucune considération pour les conséquences humaines du commerce auquel ils s'adonnent. Ils transportent la mort comme d'autres des denrées alimentaires. La conscience, l'humanisme, ne font pas partie de leur vocabulaire. Seuls comptent les billets verts qui naviguent dans des zones grises d'un compte offshore à un autre. Selon l'ONU, le trafic d'armes est l'une des quatre activités illégales les plus lucratives du monde. Ce marché est estimé à plus de 1 200 milliards de dollars par an.

Le *Bana* et sa cargaison d'armes n'est qu'une goutte d'eau dans un océan qui s'étend sur une grande partie du globe. Son histoire et l'identité de ses dirigeants se cachent derrière des structures juridiques aux ramifications internationales difficiles à décrypter. Pour commencer, depuis sa construction, le *Bana* a changé de nom à plusieurs reprises. Son immatriculation, le 7920857 – un numéro unique qui permet d'identifier le navire durant toute sa vie – indique que le *Bana* a été baptisé *City of Musurata* jusqu'en 2013, puis *Sham1* de 2016 à 2019 avant d'opter pour son nom actuel. Or, d'après un rapport du Conseil de sécurité de l'ONU, le *Sham1* a été identifié comme effectuant du transport d'armes en direction de la Libye dès janvier 2017. À la différence du *Bana*, sa cargaison d'armes était alors destinée au camp adverse, dirigé par le général Haftar. À quelques années de différence, le même bateau, sous des noms différents, a livré des armes aux deux groupes qui s'affrontent en Libye. Attisant le feu en soufflant sur la braise, d'un côté comme de l'autre d'une ligne de front, sans que celui-ci ne lui saute à la figure. À force de sillonner les zones de guerre, j'avais la prétention de croire que j'avais tout vu et que rien ne pouvait plus me surprendre. Mais là, je suis remis à ma place. Le monde est devenu une immense jungle où même les lignes de front ne sont plus respectées. Le culte de l'argent n'a que faire des espérances !

La deuxième découverte sur le *Bana* conforte mon analyse. Grâce au répertoire des entreprises du Liban, je réalise que l'adresse indiquée pour la société Med Wave Shipping SA qui détient le

Bana est celle d'un hôtel quatre étoiles situé au cœur de Beyrouth, à seulement quelques pas de la rue Hamra, la rue la plus touristique de la capitale libanaise. Le *Sham1* comme le *City of Musurta* avant lui ont appartenu à deux entreprises de fret maritime spécialisées dans les croisières. L'une d'elles est libanaise. Elle se nomme Abou Merhi Ship Management SAL et son siège social est lui aussi situé à la même adresse que ce fameux hôtel. Son dirigeant est Merhi Ali Abou Merhi, un homme d'affaires libanais spécialisé dans le transport maritime, le tourisme et l'immobilier. Or le nom de Merhi est apparu dans une enquête menée par les autorités américaines sur des réseaux criminels, notamment des cartels sud-américains du trafic de drogue au profit du Hezbollah libanais. Les États-Unis l'accusent d'utiliser son navire pour fournir des services de transport de véhicules pour le compte d'Ayman Joumaa, soupçonné d'être un baron de la drogue libano-colombien.

Abou Merhi vit librement au Liban. Il est le cofondateur d'Aptitude au changement, un parti politique qui n'a jamais réussi à s'imposer sur la scène nationale libanaise. Interrogé par LBCI – la deuxième chaîne privée libanaise – sur ses liens présumés avec des trafiquants de drogue, il déclare : « Oui, j'avais des problèmes avec les Américains, mais j'ai fini par être acquitté. C'est à cette période que j'ai vendu le *Bana* ainsi que d'autres bateaux. » Abou Merhi n'a pas menti. Il a effectivement vendu son entreprise à trois inconnus, deux sont syriens et le troisième est libanais. Ce qui libère *de facto* l'entreprise Med Wave Shipping SA des sanctions internationales. Quelques mois plus tard, les actions de l'entreprise sont remises en vente. Elles seront rachetées par Samir al-Bizri : l'heureux propriétaire de la société Med Wave Shipping SA n'est autre que le neveu d'Abou Merhi.

Après quarante années à sillonner la mer, le *Bana* a jeté l'ancre le 3 juillet 2020 pour la dernière fois au port turc d'Aliaga. Il a été démantelé, emportant dans sa tombe ses secrets les plus sombres. Med Wave Shipping SA n'est plus qu'une entreprise en sommeil. Le navire a disparu mais son histoire a pris la tournure d'une crise internationale. S'adressant au Conseil de sécurité, l'émissaire onusien pour la Libye, Ghassan Salamé, a déclaré : « Il y a des acteurs sans scrupule, à l'intérieur et à l'extérieur de la Libye, qui hochent la tête avec un clin d'œil cynique aux efforts pour la paix et affirment pieusement leur soutien à l'ONU. En même temps, ils continuent par-derrière à alimenter une solution militaire en accentuant le spectre effrayant d'un conflit de grande ampleur et d'une nouvelle misère pour le peuple libyen. » Lors d'une conférence de presse aux côtés de Kyriakos Mitsotakis, le Premier ministre grec, le président français Emmanuel Macron dénonce ouvertement l'attitude de la

Turquie dans cette affaire. Il annonce : « Nous voyons ces derniers jours des navires turcs accompagner des mercenaires syriens arrivant sur le sol libyen, c'est en contravention explicite et gravissime avec ce que le président Erdogan s'était engagé à faire lors de la conférence de Berlin, c'est le non-respect de la parole donnée. »

Chapitre 8

Le convoi de l'espoir

Juillet 2021. Dix jours se sont écoulés depuis mon dernier échange avec Hassan, le mercenaire syrien venu combattre en Libye. Chaque fois que mon téléphone émet un bip, ce n'est jamais le message que j'espérais. Le temps passe et l'espoir d'une rencontre avec un mercenaire syrien convoyé par la Turquie en Libye s'amenuise. D'ailleurs, en Libye, le mot « espoir » a volé en éclats. Depuis dix ans, nul besoin de tendre l'oreille pour écouter l'impact de la balle qui le pulvérise. J'éprouve un sentiment d'inertie. Tripoli, Misrata et les villes avoisinantes ne m'offrent plus rien. J'ai forcé des portes, patienté dans les antichambres du pouvoir, siroté un nombre incalculable de verres de thé en compagnie de militaires de tout rang, et rien n'y a fait. La simple évocation des mercenaires syriens fige les visages, invite au silence et le malaise s'installe. Alors que j'étais sur le point de jeter l'éponge, un homme va entrouvrir une petite fenêtre d'espoir en moi. Son nom : Emad Shanab. En 2016, pendant la guerre contre Daech, notre amitié a été scellée par un événement qui va nous marquer à vie. Un djihadiste s'est jeté contre notre véhicule, portant à bout de bras une bombe. Nous avons échappé à une mort certaine. C'était un miracle. Après avoir perdu son meilleur ami, brûlé vif sous ses yeux, il décide de troquer son arme contre une caméra pour que les politiques de son pays n'oublient jamais que ce sont les jeunes qui ont donné leurs vies pour libérer Syrte de la terreur des djihadistes. Ce jour-là, alors que l'on s'apprêtait à dormir dans une maison en ruine sur la ligne de front, il me dira les larmes aux yeux : « Mon ami est mort pour rien. Tu vas voir, une fois que la guerre contre Daech sera finie, on va recommencer à s'entretuer. Nos politiques sont cyniques et corrompus et les Occidentaux ne pensent qu'à notre richesse et à ce satané pétrole. »

Emad ne s'est pas trompé ! Un an plus tard, il défie le pouvoir en place et organise la plus grande manifestation de jeunes contre la corruption et pour la paix. La presse internationale parlera d'une manifestation spontanée, mais c'est ce jeune homme sans appui politique ni financier qui a affrété des bus et des avions dans toute la Libye. Grâce à son initiative, la jeunesse libyenne va crier devant le siège du Parlement son ras-le-bol du chaos qui règne dans son pays. Un mois plus tard, deux hommes cagoulés criblent de balles la façade de son domicile.

Emad a aujourd'hui 28 ans. Après avoir été le conseiller du ministre de l'Intérieur, il a démissionné pour créer le premier parti politique de la jeunesse libyenne. Entre-temps, il a vécu plusieurs guerres, et reçu des menaces de mort pour avoir osé réunir clandestinement les jeunes de l'Est et de l'Ouest qui s'entretuent depuis presque dix ans. Intrigué par ce jeune activiste, un membre de l'ONU l'invite à Tunis pour qu'il puisse exposer son point de vue. Il rencontrera à plusieurs reprises Ghassan Salamé, l'émissaire de l'ONU en Libye de 2017 jusqu'à mars 2020. Un poste lui sera proposé comme observateur de la situation libyenne. À Misrata, sa ville natale, il crée la première association qui réunit les jeunes, filles et garçons, sous un même toit. Une initiative qui déplaît. Il échappe encore à deux tentatives d'assassinat.

Emad Shanab m'annonce qu'il organise une expédition dans le sud de la Libye. Accompagné d'une dizaine de jeunes Libyens, il souhaite convaincre ses compatriotes de s'unir et de le rejoindre dans un mouvement politique qu'il est sur le point de créer. Avec son enthousiasme habituel, il m'explique :

— Je vais aller jusqu'au fin fond du désert, rencontrer les chefs de tribus et discuter avec les jeunes de tous horizons. Je ne sais pas si un jour une élection libre sera organisée dans ce pays mais je veux que la jeunesse soit instruite et qu'elle soit prête à faire valoir son point de vue.

— Tu es un doux rêveur qui se berce d'illusions, c'est ce que j'aime en toi, mais franchement je pense que là tu vas peut-être trop loin. Personne n'ose s'aventurer dans le désert libyen, même pas l'armée ! Si ce n'est pas Daech qui te décapite, tu seras kidnappé par un trafiquant, toi et les jeunes qui t'accompagnent. Et si par miracle vous échappez à tout ce beau monde, rien ne dit que vous serez bien reçus par les chefs des tribus du désert.

Cette discussion se déroule à 1 heure du matin dans le hall de mon hôtel. Le réceptionniste dort profondément, la tête appuyée sur le comptoir. La salle est plongée dans la pénombre. Je sais que mes propos ne vont rien changer à sa détermination. Il a déjà tout programmé. Le départ est prévu à l'aube deux jours plus tard. Il sort son téléphone, ouvre Google Maps et m'indique sur une carte le parcours qu'il a imaginé. Comme le ferait un guide touristique, il me parle de la beauté des villages qu'il va traverser, de son impatience de débattre avec les Amazighs[1] qui vivent sans aucune aide gouvernementale en autarcie en haut des montagnes du djebel Nefoussa, de sa fascination pour la résistance au temps des hommes bleus du désert… Même dans l'obscurité, ses yeux brillent d'espérance. J'ai l'impression que ce projet lui donne le sentiment d'être encore en vie. Je

1. Berbères.

lui retire le téléphone des mains, zoome sur l'écran, et visualise le trajet. Je réalise que la route que va emprunter Emad va longer un gazoduc et traverser trois champs pétroliers. Je suis suffisamment désespéré pour qu'une idée me traverse l'esprit. Je ne l'écarte pas. Je me dis que peut-être une partie des mercenaires syriens montent la garde autour des sites pétroliers. J'ai peut-être une chance de les approcher en accompagnant Emad. Loin de leur base et isolés dans le désert, l'un d'eux acceptera peut-être de répondre à mes questions. Emad me regarde. Je vois dans ses yeux qu'il a deviné mon intention. Il me dit en fronçant les sourcils :

— J'ai l'impression que tu as envie de nous accompagner ?

— Je me pose effectivement la question. Peut-être qu'au fin fond du désert, je croiserai un mercenaire syrien. Dans tous les cas, ici je n'y arrive pas et tu le sais.

— Si tu le dis, réplique-t-il en reprenant son téléphone, l'air déçu.

Je réalise son agacement. Je le comprends. Je suis embarrassé. Alors qu'il m'expliquait le sens de son voyage et l'importance que cela représentait pour lui, moi je ne pensais qu'à mon enquête. Ce périple dans le sud de la Libye incarne l'aboutissement d'années de travail. C'est le point de départ d'un rêve qu'il porte en lui : créer le premier parti politique de la jeunesse libyenne, de toute la jeunesse de son pays. Qu'importent les risques, sa détermination impose le respect. Je lui dis :

— Ne crois pas que ton combat ne m'intéresse pas, tu sais bien que ce n'est pas le cas. Mais la rencontre d'un mercenaire syrien m'obsède et, tu es bien placé pour le savoir, quand j'ai une idée derrière la tête, j'ai du mal à m'en défaire.

Emad sourit, son expression est amicale. L'un comme l'autre, nous le savons, notre relation peut se permettre de telles maladresses. Il accepte volontiers que je me joigne à lui dans son périple vers le sud. Il se lève, me salue et me lance en franchissant la porte de l'hôtel :

— Tiens-toi prêt, une belle aventure nous attend, encore une !

Et voilà comment, deux jours plus tard, je me suis retrouvé avec Julien, mon chef opérateur, assis à l'arrière d'un 4 × 4, le disque dur d'Ibrahim dans le sac, roulant à vive allure en direction du désert libyen. La direction de France Télévisions (FTV) avait donné son accord. Grâce à un tracker, une équipe du service de sécurité des reportages en zones dangereuses de FTV allait se relayer jour et nuit pour suivre notre parcours. Cela me rassurait mais ne m'empêchait pas de prier silencieusement ma bonne étoile de veiller sur nous comme elle l'avait toujours fait jusqu'à présent. La veille, avant de m'endormir, j'ai ouvert un nouveau chapitre dans mon carnet de voyage. Je l'ai intitulé : « Le convoi de l'espoir ».

Le jour J, aux premières lueurs de l'aube, ils sont une vingtaine de jeunes éparpillés dans un minivan et quatre voitures, prêts à prendre le départ de la ville de Misrata. Les uns sont des dirigeants d'associations de quartier, d'autres des étudiants, et le plus âgé, issu du quartier le plus populaire de la capitale, est le plus jeune élu de la mairie de Tripoli. Tous sans exception ont pris les armes à un moment ou un autre de leur vie. Ils ont dû combattre parfois même les uns contre les autres. Ils ont survécu et aujourd'hui ils aspirent à la paix. Une telle perspective peut sembler utopiste dans ce pays mais cela me réjouit de les voir unis autour d'un même projet qui prône la réconciliation et le pardon. Emad a l'air heureux. Face à lui, un jeune homme dont le visage ne m'est pas inconnu. C'est celui de Youssef. Avec ses grands yeux soulignés de noir, ses oreilles décollées et sa carrure de sportif, il détonne dans l'assemblée. Tel un militaire de carrière, il se tient droit, la tête haute et le regard aux aguets. Youssef me reconnaît à son tour. Il me sourit. Il se dirige vers moi, me serre la main avec conviction et me lance :

— Toujours à traîner en Libye à ce que je vois !

Je lui réponds spontanément :

— J'aime la Libye, que veux-tu que je te dise ?

J'ai connu Youssef six ans auparavant à Syrte lors des combats contre Daech. À l'époque, il s'était fait une réputation pour son habileté à viser juste, une grenade à la main. Tel un félin devant le terrier de sa proie, il arrivait à se faufiler sans faire de bruit derrière les lignes ennemies. Une fois à bonne distance, il dégoupillait une grenade et il l'expédiait avec une précision chirurgicale sur des djihadistes en embuscade à l'abri derrière des murets. Il était tellement doué que les combattants l'ont surnommé *Ramana*, qui signifie « la grenade » en arabe. Ce pseudonyme ne l'a plus quitté depuis. Je me rappelle lui avoir dit à l'époque que ses actes étaient héroïques, à quoi il m'avait répondu que c'était plutôt suicidaire mais que mourir pour épargner la vie des siens ne lui faisait pas peur.

Durant le voyage, Ramana et trois de ses hommes sont en charge de la sécurité. Cela me rassure. C'est un combattant aguerri qui a développé un instinct presque animal de survie. Il impose aussi le respect naturellement. Ramana montre du doigt un 4 × 4 cabossé avec quelques impacts de balles sur le côté et m'explique avec un air tranquille :

— Tu vas t'installer à l'arrière de cette voiture avec ton ami [Youssef fait référence à Julien, mon chef opérateur].

À quoi je rétorque avec ironie :

— On est des privilégiés, on dirait !

Youssef poursuit sans sourciller :

— Un de mes hommes sera placé à l'avant, il va veiller sur vous…

Les portes claquent, les moteurs vrombissent, quelques coups de klaxon pour le plaisir et les voitures prennent le départ. Le véhicule de Youssef ouvre la marche.

Les visages sont détendus. Julien en profite pour piquer un somme. Une fois le dernier check-point protégeant la ville de Misrata franchi, un talkie-walkie se met à grésiller. Notre conducteur se contorsionne pour le récupérer dans la boîte à gants. La voix de la Grenade s'élève :

— Soyez prudent, les amis, restez groupés et ne laissez aucun véhicule s'intercaler entre nous.

D'autres voix lui répondent les unes après les autres :

— Reçu 5 sur 5, Ramana, que Dieu te bénisse.

Pendant les deux heures qui suivent, ce message ne trouve aucun écho. Pas une voiture à l'horizon. Tout semble paisible et éternel. Seuls quelques camions-citernes remplis de pétroles brisent la monotonie du voyage. Ils klaxonnent en guise de salut et disparaissent aussi vite qu'ils sont apparus. Mais à quelques encablures de la ville de Beni Walid, trois pick-up armés d'une mitraillette fixée à l'arrière surgissent de nulle part et se positionnent à l'avant comme à l'arrière du convoi. La voix de la Grenade me rassure :

— Pas d'inquiétude, les amis, ils sont des nôtres. Ils vont nous escorter durant la traversée de la région de Beni Walid. Que Dieu nous garde.

Beni Walid est le fief de la puissante tribu des Warfalla. Ces derniers sont considérés comme l'une des plus grandes ethnies de Libye. Avec environ un million de personnes sur une population nationale de moins de 6 millions d'habitants, sa milice est redoutée. Les Warfalla sont restés fidèles à Mouammar Kadhafi. Dix ans après la chute du guide libyen, le drapeau vert de l'ancien régime flotte toujours à l'entrée de la ville aux côtés de la photo de l'ancien dictateur. Personne n'a osé les retirer. Leurs chefs ne soutiennent ni le général Haftar à l'Est, ni le gouvernement de l'Ouest, ils veulent le retour au pouvoir de Saïf al-Islam, le fils cadet de l'ex-guide libyen, même si celui-ci est recherché par la Cour pénale internationale pour des crimes de guerre et des meurtres présumés commis lorsque son père dirigeait le pays.

Beni Walid est aussi tristement célèbre pour ses trafiquants d'êtres humains. Ils ont la réputation d'être particulièrement brutaux. Pour les jeunes Africains désireux de rejoindre l'Europe, survivre à la traversée de ce territoire est un miracle. En mars 2021, lors d'une opération militaire, six centres de torture ont été découverts dans la ville. Soixante-dix migrants africains affaiblis et apeurés ont été libérés avant d'être reconduits vers d'autres centres de détention supposés être plus cléments. Ils étaient pieds nus, le visage creusé par la faim et avaient l'air perdus. Ils se tenaient les uns contre les autres, comme pour se protéger du monde extérieur. Leurs témoignages sont édifiants, inconcevables pour un esprit sain. Les jeunes femmes comme les hommes ont été violés, battus et vivaient enchaînés à longueur de journée. Leurs bourreaux filmaient les scènes de torture et les envoyaient à leurs familles pour leur extorquer de l'argent. Si l'argent n'arrivait pas, ces malheureux candidats à l'immigration ne pouvaient espérer un jour rejoindre la côte et traverser la Méditerranée. Plusieurs sont morts à Beni Walid et ont été enterrés sur place.

Le convoi fonce à toute allure. Les talkies-walkies s'animent. La tension est montée d'un cran. J'observe notre chauffeur, le regard caché derrière ses lunettes de soleil. Je l'interpelle :

— Dites, il y a un problème ?

Il répond sans perdre la route de vue :

— Apparemment, Emad a reçu un message d'un ami vivant à Beni Walid qui lui signale qu'un groupe armé a quitté la ville et se dirige peut-être vers nous. Mais pas d'inquiétude, on a la situation bien en main.

Cette réponse n'a rien de rassurant. Les échanges sur les talkies-walkies s'enchaînent. Chacun y va de son point de vue et de son commentaire. Ramana met fin au débat. Il ne veut prendre aucun risque. Il ordonne aux chauffeurs de rebrousser chemin. Emad partage son avis. Les voitures font demi-tour les unes après les autres. Un autre itinéraire, plus long mais moins dangereux, est privilégié. Retour vers la route côtière, avant de bifurquer vers le sud par un autre axe routier. Le « convoi de l'espoir » n'est pas le bienvenu chez les Warfalla.

Il faut beaucoup de courage et de foi dans l'avenir pour continuer malgré les obstacles. Emad et sa jeune équipe n'en manquent pas. Sept heures plus tard, ils sont au pied des montagnes du djebel Infusen. C'est le dernier rempart avant le désert. Ces montagnes sont imposantes et poussent à l'humilité. Elles regardent, impassibles, les jeunes faire une pause dans la plaine pour se dégourdir les jambes. Il fait terriblement chaud. Le soleil refuse de céder sa place à la lune. Ses rayons rouges persistent à éclairer un paysage millénaire d'une beauté à couper le souffle. Emad marche seul au bord de la route. Les autres patientent en grappe, cigarette au bec, en se lançant des vannes. Personne n'évoque la tribu des Warfalla. De toute évidence, ce n'est qu'une parenthèse dans leur vie, un obstacle à franchir et, ils le savent, ce ne sera pas le dernier.

Trois jours plus tard, le convoi arrive à Ghadamès, à la frontière de l'Algérie et de la Tunisie. Nous avons franchi les montagnes, sillonné un territoire aride, avant de traverser des dunes de sable pour atteindre une des premières villes fortifiées du désert libyen. Ghadamès n'est pas une ville comme les autres. Son sol regorge de pétrole et ses ruelles pullulent de trafiquants. Emad et ses accompagnateurs sont reçus par les élus locaux. Ils se réunissent dans une salle de la mairie. Des jeunes arrivent. Ils ont l'âge de ceux qui ont grandi avec la guerre. La salle est pleine. Chose rare en Libye, des femmes font partie du public. Ce sont des Sahraouis. Dans le désert, le système patriarcal musulman pèse moins que dans le reste du pays, beaucoup plus conservateur. Elles sont libres de participer pleinement à la vie de la communauté.

Emad se lance. Il parle leur langue, il les séduit. Il est sincère, il voudrait les convaincre de le rejoindre dans son mouvement politique.

Je quitte la salle en plein débat. Je réfléchis. Je n'ai pas perdu de vue la raison de mon voyage : accéder à un site pétrolier dans l'espoir de rencontrer un groupe de mercenaires syriens. Or je le sais, à Ghadamès, le silence est une tradition. Au fil du temps, il a tissé sa toile sur tout le territoire. Et gare à ceux qui osent le briser.

Ramana ne participe pas à la réunion. Il monte la garde avec ses hommes à l'extérieur. À 45 degrés à l'ombre, il a trouvé refuge dans sa voiture, le moteur en marche pour profiter de la climatisation. J'exploite la situation pour lui demander de l'aide. Je suis persuadé que ses contacts au sein des milices locales sont fiables. S'il y a une personne qui peut m'assister dans mes recherches, c'est bien lui. Il a certes l'air dur et sec mais ce jeune homme cache précieusement son humanité. Je la vois dans ses yeux. Elle est enfouie derrière les souvenirs de la guerre et les blessures de la perte d'êtres chers. En 2016, autour d'un feu, alors que la guerre faisait rage, il m'avait confié : « Mon père a étudié dans les années 1960 dans une prestigieuse université à Londres. C'était apparemment l'époque de toutes les libertés. C'est là-bas qu'il a appris à ne pas courber l'échine. Sous Kadhafi, cette posture n'était pas admise. Sa carrière n'a jamais décollé et il a failli à plusieurs reprises perdre la vie. Aujourd'hui, malgré son diplôme d'ingénieur, il vend des pièces détachées de voiture dans un local à la sortie de Misrata. »

Ramana s'était interrompu un moment. Lui qui flirtait avec la mort chaque jour et paraissait tellement solide a laissé un court instant entrevoir sa fragilité. Et puis, il a repris : « Il aurait voulu que je goûte moi aussi à cette liberté, mais je n'ai pas eu cette chance. Elle n'est pour moi qu'une affiche d'un groupe de rock de Londres accrochée sur un des murs du bureau de mon père. »

Je tape à la vitre de Ramana. Il me regarde d'un air engageant. Je lui fais signe de la tête. Il m'ouvre la portière. Je m'installe à ses côtés avec la ferme intention de réussir à obtenir son aide. Je lui pose directement la question :

— Je pense que tu es au courant de l'enquête que je mène sur les mercenaires étrangers dans ce pays. Tu penses qu'il y en a autour des sites pétroliers ?

Ma question ne le surprend pas. Il tire une bouffée sur sa clope et prend le temps de la savourer avant de répondre :

— Pour les Syriens, je n'en sais rien. En revanche, ce dont je suis sûr c'est que le pétrole est un sujet vraiment sensible dans le coin.

— À cause du trafic d'essence, je suppose ?

— Oui, c'est ça. Il faut que tu saches que les locaux survivent grâce au trafic d'essence. Avec la guerre, la crise économique s'est installée. Les aides de l'État aux régions ont disparu. Les familles sont livrées à elles-mêmes. Alors quand on habite à deux pas de la frontière d'un pays où le litre d'essence se vend dix fois plus cher, les jeunes n'ont pas beaucoup de choix. Ils acceptent de travailler pour des trafiquants qui s'en mettent plein les poches.

— Mais tu sais bien que ce n'est pas le trafic d'essence qui m'intéresse.

— Je le sais mais eux l'ignorent. Les journalistes ne courent pas les rues dans le coin. Je crois bien que tu dois être le seul à réussir à venir jusqu'ici depuis des années. Et toi, à peine arrivé, tu veux accéder à un site pétrolier !

Je ne me démonte pas. Je persiste :

— J'en suis conscient mais comme tu le sais on n'est là que pour une nuit. Alors je n'ai pas vraiment le choix, il faut que ça se fasse et vite. Je suis sûr que tu as une solution pour moi.

Ramana remet sa réponse définitive à plus tard.

— Je vais faire de mon mieux.

Le soir, tous les jeunes sont conviés à un festin en plein désert organisé par la ville. Des tapis sont éparpillés sur le sable. Des coussins brodés à la main animent les lieux. Des petits cercles se forment autour d'un plat déposé à même le sol. Peu à peu, l'air se rafraîchit, permettant aux corps de se détendre. Isolé aux abords d'une tente, un homme bleu observe la scène. Il patiente devant un pain de sucre, un sachet de thé et de l'eau qui bout sur un feu de bois. Il se lance. Ses gestes sont précis. Il introduit le sucre et le thé. Soupèse la théière avant d'ajouter l'eau bouillante. Personne ne lui prête attention. Je m'approche. Tel un touriste attiré par l'exotisme du personnage, je m'installe à ses côtés et l'observe. Il remplit les verres en soulevant petit à petit la théière. Et d'un coup brusque il arrête le mouvement sans qu'aucune goutte ne touche le sol. Une mousse blanche se forme.

Il se tourne vers moi et me dit :

— Sais-tu pourquoi on sert le thé de cette manière dans le désert ?

Je prétends savoir mais ma réponse s'avère à côté de la plaque. Il rectifie :

— Cette mousse blanche sert à retenir le sable qui peut s'infiltrer dans le verre. Pour ne pas croquer du sable, il suffit de s'en débarrasser avec un simple mouvement du doigt.

Ramana arrive, il me fait signe de le suivre. À l'abri des oreilles indiscrètes, il m'annonce qu'aucun mercenaire syrien n'est en poste autour des sites pétroliers de l'ouest de la Libye. Vu mon visage dépité, il n'a aucun mal à deviner ma désillusion. Il me tape sur l'épaule et m'annonce : « T'inquiète, j'ai trouvé l'homme qu'il te faut. Le rendez-vous est fixé à notre retour à Tripoli. » Sans me laisser le temps de réagir, il tourne les talons. L'espoir revient. Il adoucit la chaleur et apaise les nerfs tendus. Je regarde le ciel. Je me dis que mon étoile est quelque part. Elle veille sur moi. Je me dis que sans cette virée dans le désert je n'aurais pas recroisé Ramana et la perspective d'une rencontre avec un mercenaire syrien en Libye n'existerait même pas.

Je regarde autour de moi. Une cinquantaine de jeunes venus de toutes les régions de Libye sont là. Installés dans le désert, ils échangent sur leur avenir. Ils ont déposé les armes, oublié la haine le temps d'une soirée. Sans ce convoi de l'espoir, ils ne se seraient jamais rencontrés. Je me dis que malgré ma déconvenue, j'assiste à un moment historique : la naissance du premier mouvement des jeunes libyens. Emad a l'air heureux et fier. Il marche seul, pieds nus dans le sable. Julien filme la scène. Je m'approche et lui dis :

— Tu as réussi, Emad, des jeunes qui s'entretuaient hier sont là réunis et discutent paisiblement. Quel chemin parcouru !

Il réfléchit un court instant, plonge ses yeux dans les miens et me répond :

— Qu'aurais-je dû faire ? Quitter le pays ? Mourir au combat ? Me remplir les poches en acceptant de me faire corrompre ? Aucune de ces solutions n'a trouvé grâce à mes yeux. Ras le bol du sang et de la mort, je n'en veux plus et les jeunes qui sont là non plus.

Il marque un temps de silence. Il se mord les lèvres pour ne pas éclater en sanglots. Les yeux embués de larmes, il poursuit :

— J'ai perdu mon frère il y a à peine quelques semaines. Il est mort à 19 ans d'une balle tirée par je ne sais qui : Wagner, des mercenaires soudanais, les hommes d'Haftar... Ils nous veulent quoi, tous ces gens ?

Il craque. Il enfouit son visage dans ses mains, il pleure de longues minutes sans pouvoir s'arrêter et il se reprend :

— Ne me filme pas en train de pleurer, je ne veux pas que l'on pense que je suis faible. Il faut que je parvienne à puiser de la force dans ces souvenirs douloureux. Les morts me donnent la force de continuer. La Libye a besoin de force aujourd'hui. Tous les jeunes que l'on a perdus dans cette période sombre et difficile sont dans nos souvenirs, ils sont dans notre cœur et dans notre mémoire, on ne peut pas les oublier.

Sa voix devient plus déterminée :

— Et on se battra pour eux, pour construire ce pays, pour que je puisse vivre en paix dans mon pays comme n'importe quel jeune qui vit en France, en Europe, en Amérique, je suis comme n'importe quel jeune de ce monde, je veux vivre paisiblement et participer au développement de mon pays, où vont vivre mes enfants et les enfants de mes enfants, voilà ce dont j'ai besoin. Je suis obligé de sillonner la Libye, je supporte les menaces, j'affronte les combats. Les jeunes de l'Ouest ou ceux de l'Est, au final ce sont des Libyens, c'est ça qui compte. Le plus important c'est de nous parler et de réfléchir à comment nous pouvons vivre ensemble dans ce pays pour que l'histoire un jour écrive que l'on a réussi à ramener la paix et la réconciliation. Je mourrais pour arriver à ce rêve. Ou j'y arrive, ou je meurs pour lui.

Ces paroles me touchent infiniment. Je me dis que le sens de mon métier est là : faire entendre une voix d'espoir du fin fond du désert d'un pays plongé dans le chaos.

Chapitre 9

Sami le balafré, le mercenaire de Sadat

Juillet 2021. Le soleil abandonne le ciel. Il cède délicatement sa place à la lune. La mer l'ignore, trop occupée à briser ses vagues sur la digue. Elle est agitée et dangereuse. C'est la trêve pour les pêcheurs de Tripoli. Alors qu'en ville les regards me dévisagent et me rappellent de rester sur mes gardes, au port de pêche de la capitale libyenne, ma présence passe inaperçue. Un chapeau de paille sur la tête, le visage buriné par le soleil, un pêcheur s'active à prolonger la vie de son filet. Il le démêle, inspecte soigneusement le moindre nœud et une fois rassuré sur sa solidité, il le dépose délicatement à ses pieds. Il sait que sa nourriture et celle de sa famille en dépendent. À quelques mètres de lui, face à des barques solidement amarrées au ponton, il y a un jeune homme, assis sur un caisson en bois, le regard plein de tristesse, plongé dans ses pensées. La peau noire, une tenue crasseuse, il porte en lui le poids des déshérités qui rêvent de l'eldorado européen. Je m'approche de lui. Avec mes deux heures d'avance sur mon rendez-vous avec

Sami, le mercenaire syrien trouvé par Ramana, j'ai le temps de faire sa connaissance. Je lui tends la main. Il hésite, intrigué. Lorsqu'il finit par serrer la mienne, je me présente. Je lui parle en arabe. Il ne comprend pas. Il est malien. Sa langue maternelle est le bambara. Son français approximatif nous permet de faire connaissance. Il s'appelle Assa, il vient d'un village touareg situé au nord du Mali. Il est le cadet d'une famille de six enfants. Une fièvre a foudroyé son père, mort subitement un soir dans son lit. Depuis, sa mère a du mal à joindre les deux bouts. Du haut de ses 16 ans, Assa veut lui venir en aide. Il emprunte de l'argent à son oncle et prend la route de l'exil. Trois mois plus tard, il se retrouve au bord de la Méditerranée. Il me raconte :

— J'ai parcouru 4 500 kilomètres. Je suis passé par le Sud algérien, puis un passeur m'a fait traverser la frontière libyenne, pas loin de Ghadamès. Et depuis, ma vie n'a fait qu'empirer. C'est très difficile de survivre en Libye.

— C'est-à-dire ?

— Des bandits ont attaqué notre convoi. Ils nous ont menacés avec leurs armes. Ils m'ont dépouillé du peu d'argent qu'il me restait. Même mon vieux téléphone les intéressait. Le passeur a fui. On s'est retrouvés dans le désert, seuls, sans rien.

L'expression du visage d'Assa s'assombrit. Il cherche ses mots. Il plonge ses yeux dans les miens à la recherche de soutien et il poursuit :

— Mon ami d'enfance est mort de soif sur la route, sous mes yeux. Je n'ai rien pu faire. Je l'ai vu s'écrouler. J'étais tellement faible que je n'ai pas eu la force de l'enterrer. J'en rêve chaque nuit. J'imagine son corps gisant seul dans le désert, livré aux vautours. J'ai honte.

Assa a la gorge serrée. C'est la première fois qu'il partage le récit de ce drame avec quelqu'un. À Tripoli, les oreilles compatissantes sont rares. Ils sont des milliers comme lui à errer dans la rue. Ils ne luttent plus, ils attendent et ils subissent.

Je suis ému. Ma montre m'indique que l'heure de mon rendez-vous avec le mercenaire syrien approche. Je dois partir. Je lui dis :

— Si je veux te revoir, je peux te retrouver comment ? Tu as un numéro de téléphone ?

— Oui.

Assa me le dicte. Je l'enregistre sous le nom d'Assa le migrant du port. Il poursuit :

— Chaque jour à l'aube, je m'installe à l'un des ronds-points à la sortie de la ville pour décrocher un travail pour la journée. Et le soir, j'aime venir au port pour passer le temps.

Je le salue avant de tourner les talons pour m'installer quelques mètres plus loin dans l'une des gargotes du port qui répand un alléchant parfum de poisson grillé. Sami arrive. Il me cherche du regard. À sa corpulence, je devine que c'est lui et lui fais signe de la main. Il répond avec un léger sourire et vient s'installer en face de moi. Sami a le look du mercenaire aguerri. Il est grand, sec et musclé. Il a une cicatrice au visage. Une balafre qui va de sa joue droite au coin de ses lèvres. On se jauge du regard en partageant un thé avant d'entamer la discussion. Je commence :

— Je n'aurais jamais imaginé rencontrer un jour en Libye un combattant de l'Armée syrienne libre. La vie est pleine de surprises !

Il désigne le ciel de son index et rétorque :

— C'est triste mais c'est la volonté de Dieu.

Nous échangeons des broutilles, laissant à plus tard le vif du sujet. J'apprends que Sami est l'aîné d'une famille de deux enfants et qu'il est originaire d'un village de la région d'Alep. Son père, un paysan, arrondissait les fins de mois comme agent immobilier de terre agricole. Après la reprise de son village par Bachar el-Assad, il a fui et a trouvé refuge à Afrin, une région montagneuse, bordée au nord et à l'ouest par la frontière turque et connue pour la qualité de son huile d'olive. C'est aussi un territoire à majorité kurde, considéré comme une menace par Erdogan. En 2018, dans le silence presque complet des États occidentaux et des organisations internationales, l'armée d'Erdogan franchit la frontière et prend possession de la ville. Selon le Bureau des Nations unies pour la coordination des affaires humanitaires, cent trente-sept mille

Kurdes fuient la région. Ils sont remplacés par des sunnites syriens, plus acceptables aux yeux d'Erdogan. Les symboles kurdes sont éliminés. Les rues sont rebaptisées. Des milices syriennes sont recrutées pour maintenir l'ordre. L'une d'elles se nomme Jaysh al-Majd. Elle est dirigée par Yasser Abdel Rahim et compte mille neuf cents combattants. Un ami de Sami en fait partie. Celui-ci a disparu pendant quelques mois avant de réapparaître les poches pleines, se pavanant dans un pick-up de fabrication chinoise flambant neuf. Intrigué, Sami lui a demandé de lui révéler son secret. Il me raconte :

— Au départ, il ne voulait rien me dire. J'ai dû le supplier pour qu'il m'explique comment il avait réussi à se procurer autant d'argent. Le soir de ses fiançailles, il était tellement heureux qu'il a fini par craquer. Ce jour-là, j'ai appris que les Turcs recrutaient des Syriens pour aller combattre en Libye et que le salaire était incroyablement élevé.

— Combien ?

— 2 000 dollars par mois. En Syrie, c'est une fortune. Un combattant de l'Armée syrienne libre ne touche que 60 dollars par mois. En Libye, c'est trente fois plus !

Les yeux noirs et cernés de Sami brillent. Sa nervosité du départ a disparu. Je sens qu'il est à l'aise avec moi. Je me dis que ma patience a payé. Sami est sur le point de rompre la loi du silence qui tourne autour des mercenaires syriens. Au fond de moi, je trépigne d'impatience, tout en affichant un air placide. Un serveur interrompt la conversation. Il dépose une assiette qui déborde de poissons grillés. Sami se saisit d'un morceau de thon, l'arrose de citron, l'avale d'un trait, et poursuit :

— Ce n'était pas facile de se faire recruter.

Je le relance :

— Ah bon ?

— Sans mon ami d'enfance, je n'aurais jamais réussi. Il faut être coopté pour que Yasser Abdel Rahim, le chef de Jaysh al-Majd, te fasse confiance. Une fois qu'il a donné le feu vert, les choses vont très vite.

— Peux-tu m'expliquer comment une armée peut franchir les frontières, parcourir des milliers de kilomètres et atterrir en Libye sans se faire remarquer ?

— Tout était très bien organisé. La veille du départ, un membre de Jaysh al-Majd m'a demandé par téléphone de me présenter en tenue civile à Hawar Kilis, un village au nord de la ville d'Azaz. Le rendez-vous était prévu à 16 heures. Cette information devait rester secrète. Même ma famille n'était pas au courant. D'ailleurs, mon père ne m'aurait jamais laissé faire. Pour rejoindre Hawar Kilis, j'ai pris un minibus avec un autre combattant. Ce jour-là, il faisait très froid, j'étais habillé tout en noir et j'avais autour de la tête le keffieh de mon père comme porte-bonheur.

— Vous étiez combien à partir en Libye ?

— Hawar Kilis était le point de rassemblement de toutes les factions souhaitant envoyer des combattants en Libye. Elles étaient toutes là. Je dirais que nous étions à peu près cent cinquante hommes. Quatre bus turcs de couleur blanche et sans logo nous attendaient.

— C'était des bus de la société militaire Sadat ?

— Je ne sais pas. Les chauffeurs étaient turcs, les militaires qui nous ont fouillés aussi. Ils avaient déjà nos noms sur une liste. Ils nous appelaient un par un, nous fouillaient avant de nous autoriser à monter dans les véhicules. Nos téléphones étaient confisqués. Et puis, ils nous ont transportés jusqu'à Gaziantep en Turquie. Le passage de frontière s'est fait par un poste militaire tenu secret.

— Je suppose qu'après on vous a mis dans un avion pour la Libye ?

— Non, on a d'abord pris un avion militaire turc de Gaziantep à Istanbul. Une fois sur le tarmac de l'aéroport d'Istanbul, on a rejoint directement un avion de la Libyan Airlines en bus sans même franchir les portes de l'aéroport ni être contrôlés par les services de la douane.

— Vous avez atterri où ? À Tripoli ?

— Oui, mais on a été transférés directement vers un camp militaire à Misrata. Les hommes qui nous escortaient faisaient partie du renseignement libyen.

— Vous avez été entraînés ?

— Oui, pendant une dizaine de jours.

— Par qui ? Ce sont des Turcs ou des Libyens qui étaient chargés de vous former ?

— Ce sont des officiers de notre milice qui se sont chargés de notre formation. Ils étaient supervisés par des Turcs en civil. D'ailleurs, le chef de notre camp est turc. Il s'appelle Genkiz. Il dirige vingt-cinq Turcs. Ils logent tous au même endroit. Apparemment, eux aussi sont des mercenaires comme moi sauf qu'ils touchent 5 000 dollars par mois.

— Ce sont des hommes de Sadat ?

— D'après les anciens du camp, ce sont bien des hommes de Sadat mais comme on ne se mélange pas et qu'on ne parle pas la même langue, c'est difficile pour moi d'en être sûr.

Dans le fonctionnement de la caserne, Sami n'est plus un homme libre. C'est une machine à tuer que l'on peut déplacer, envoyer sur des lignes de front, faire défiler dans une tenue de parade, sans qu'il puisse émettre la moindre critique. Un esclave des temps modernes dont les maîtres ont échangé les fouets contre des kalachnikovs et l'appât du gain. Aucun contrat officiel ne le lie avec les autorités turques ni libyennes. Il ne touche aucun salaire sur le sol libyen. Il m'explique :

— J'ai dû désigner un membre de ma famille qui est chargé de recevoir mon salaire. L'argent est transféré directement de Turquie en Syrie.

— Pourquoi à ton avis ?

— Les Turcs ont peur que l'on se serve de notre argent pour payer un passeur et fuir vers l'Europe. Il y a eu plusieurs Syriens qui sont venus en Libye avec l'idée de traverser la Méditerranée et rejoindre l'Europe. Il y a à peine quelques semaines, deux personnes de l'Armée syrienne libre se sont échappées et ont réussi à rejoindre l'Italie. Les Turcs étaient furieux. Ils les ont cherchés partout. Depuis, ils ont installé des barbelés autour du camp. Ils ont aussi créé une prison qui est dirigée par l'un des nôtres : Abdullah Ghassan, le cousin de Yasser Abdel Rahim notre chef. Il n'a pas hésité à torturer un membre de son unité qui s'est fait prendre en train d'essayer de fuir.

Grâce à l'intervention de Ramana, Sami a bénéficié d'une autorisation spéciale pour me rencontrer. Pour la première fois depuis qu'il est en Libye, il peut s'installer dans un café et partager un repas en dehors de sa caserne. À l'autre bout du café, deux hommes patientent. Ils ont pour mission de le ramener au camp une fois notre entretien terminé. Sami n'est pas pressé. Il savoure le moment. Il ne quittera les lieux qu'à la fermeture des paillotes du port. Il a envie de parler, de se raconter. Il me décrit la maison de ses rêves, l'amour qu'il porte à une jeune fille rencontrée lors du mariage de son ami. Sami n'est pas dupe. Il sait qu'il n'est qu'un simple pion entre les mains de la Turquie, qu'elle manœuvre à son gré. Il se moque de ce qu'on peut penser de lui. Il a le dos au mur, pour lui, les 2 000 dollars mensuels sont une porte vers l'espoir d'une autre vie pour lui et toute sa famille. Il me dit :

— Peut-être que le mieux qu'il puisse m'arriver serait de mourir ici en Libye. Au moins, mon père recevrait 50 000 dollars et que je sois en enfer ou au paradis, je serais l'homme le plus heureux du monde si je savais que ma famille ne manquera de rien.

Selon l'Observatoire syrien des droits de l'homme, dix-sept mille Syriens ont combattu en Libye, et quatre cent soixante et onze d'entre eux sont morts au combat.

Le lendemain, je me rends au port de Tripoli pour retrouver Assa, le jeune Malien. Il est là, assis au même endroit, le regard plongé dans le vide. Je lui tapote l'épaule. Il se retourne, il m'aperçoit et affiche un grand sourire. Il est heureux de me revoir. Et, j'avoue, moi aussi. Assa me rappelle que malgré mes dizaines de reportages en Libye, je n'ai jamais pris le temps de tendre l'oreille à ces milliers de destins qui frappent aux portes de l'Europe. Il évoque aussi la montée de l'extrémisme avec un dénominateur commun : le refus de l'autre, de l'étranger, responsable de tous les maux. Cette transformation profonde de notre société m'ébranle plus que je ne le pensais. Assa est devant moi. J'aimerais l'aider, mais comment faire pour que mon assistance ne serve pas qu'à payer une place sur une embarcation de fortune qui va disparaître au fond de la Méditerranée ? Je lui demande :

— Tu vis où, Assa ?

Il me répond :

— Avec un groupe d'amis on a réussi à louer un lieu pour dormir en sécurité.

Il ajoute :

— D'ailleurs, j'ai parlé de toi et ils veulent tous te connaître. On peut y aller si tu as le temps…

Deux heures plus tard, nous sommes devant un portail en fer, à l'extérieur de la ville. Salem, mon chauffeur, n'est pas à l'aise. Le lieu est suffisamment excentré et isolé de tout pour qu'il retire discrètement son arme de la boîte à gants et la glisse sous son blouson. Assa descend et pousse le portail qui s'ouvre sans difficulté. Il fait signe à Salem de s'avancer. La voiture pénètre prudemment dans les lieux et se gare au fond de l'allée. Nous poursuivons à pied. Aucun bruit, aucune lumière n'indique que l'endroit est habité. On n'entend que le sable qui crisse sous nos pieds. Assa ouvre le chemin. Il éclaire le parcours avec son téléphone. Salem ne me quitte pas des yeux. Au bout de quelques dizaines de mètres, on aperçoit une maison blanche qui fait face à la carcasse d'un bâtiment en construction de plusieurs étages.

Assa explique :

— Notre propriétaire vit dans cette maison. Elle est gentille avec nous. On l'appelle Mama.

Pour 100 dinars par mois, elle nous autorise à dormir dans ce bâtiment.

— Mais ce n'est que la structure d'un immeuble, il n'y a ni fenêtre ni porte.

— Oui mais au moins on a un toit.

À l'intérieur, des dizaines de visages éclairés par des bougies ont les yeux braqués sur nous. Je distingue la silhouette de certains d'entre eux. Ils sont au moins une trentaine à se partager l'espace. Chacun a organisé son propre coin avec les moyens du bord. Les uns ont installé des cartons en guise de lit, d'autres plus chanceux possèdent un tapis. Une casserole cabossée trône sur une gazinière en fin de vie. Un câble noir sorti de nulle part parcourt le plafond et arrose les pièces d'un courant électrique qui ne sert qu'à recharger les téléphones. Assa me fait signe de le suivre. Il monte un escalier en parpaings. Au deuxième étage, il s'arrête et m'indique son lieu de vie. Un carton, un sac enveloppé dans un plastique et des détritus tout autour. Au bout de la pièce, Aicha, une jeune Tchadienne enceinte, nous observe en silence. Je la vois, je cherche mes mots, je ne les trouve pas. Je n'ai rien à dire. J'ai honte. Je retiens mes larmes…

Chapitre 10

Syrie, la naissance du groupe Wagner

C'était un secret de Polichinelle. Evgueni Prigojine, surnommé « le cuisinier de Poutine », est bien le fondateur de Wagner. Il l'a avoué lui-même en permettant la diffusion d'une vidéo postée sur les réseaux sociaux le 14 septembre 2022. Entouré d'une centaine de détenus, tentant de les enrôler pour renflouer les rangs de Wagner en manque de combattants en Ukraine, il annonce : « Je suis le représentant d'une société militaire privée dont vous avez probablement entendu parler, Wagner. » Cet artisan des basses œuvres de Poutine s'est appuyé sur le savoir-faire de Dmitri Outkin, un vétéran des guerres de Tchétchénie et ancien lieutenant-colonel du GRU, le service de renseignement militaire russe, pour structurer militairement son organisation. Officiellement, Wagner est entré en action pour la première fois lors de l'annexion de la Crimée par la Russie en 2014. Mais ce que l'on sait moins, c'est que les graines de Wagner ont germé dans la tête de Dmitri Outkin un an auparavant en Syrie. À l'époque, la SMP russe ne portait pas encore le nom du célèbre compositeur. Elle était composée d'une poignée d'hommes, tous des ex-soldats aguerris, qui officiaient dans la clandestinité sans la bénédiction du Kremlin. Dans l'indifférence générale, ils ont fait leurs premières incursions dans le monde du mercenariat dans la région de Deir ez-Zor, au service de Bachar el-Assad. À cette époque, la position russe n'était pas aussi tranchée qu'elle l'est aujourd'hui. Comme l'Occident, la Turquie, les monarchies du Golfe et la plupart des pays arabes, elle réprouvait officiellement la politique du président syrien mais, à la différence des autres pays, elle ne reconnaissait pas la coalition des forces révolutionnaires et d'opposition. Elle s'opposait fermement à l'ingérence étrangère dans le conflit syrien et invitait au dialogue l'opposition armée et le gouvernement syrien. Avec la Chine, elle bloquait tous les projets de résolution du Conseil de sécurité de l'ONU condamnant le président Bachar el-Assad. D'autant plus que la Russie reste un allié de longue date de Damas. C'est même l'un des plus gros fournisseurs d'armes du régime de Bachar el-Assad et de nombreux officiers syriens ont été formés dans des écoles militaires russes. Mais un événement va changer le cours de l'histoire. Bachar el-Assad, qui perd du terrain, va autoriser l'utilisation des armes chimiques. Pour faire flancher son peuple qui résiste, il franchit ainsi un nouveau cap dans l'horreur. Le 20 août 2013, en une nuit à la Ghouta, dans la grande banlieue de Damas, mille quatre cents Syriens vont trouver la mort, asphyxiés dans leur sommeil. Mouna Khaiti, une étudiante en médecine de 20 ans, y était. Lors de notre première rencontre, elle est arrivée le sourire aux lèvres et les yeux pétillants. À peine installée autour de la table, elle me dit : « Je vous propose de déjeuner, depuis que j'ai failli mourir de faim sous les bombes, je n'arrête pas de manger. J'avais perdu 40 kilos mais je crois que je les ai repris » et elle éclate de rire. Mouna est originaire de la Ghouta, une ancienne oasis agricole située aux portes de Damas, une région de quatre cent mille habitants, assiégés par le régime de Bachar el-Assad depuis fin 2012. C'est une révolutionnaire qui chaque vendredi bat le pavé, jusqu'au jour où les armes du régime s'invitent avec fracas dans les manifestations. Elle devient indispensable. Elle soigne les blessés et profite de sa carte d'étudiante pour circuler entre la Ghouta et Damas pour acheminer des médicaments.

Côtoyer la mort et souffrir de la faim n'ont rien changé à sa détermination. Elle a toujours pensé que la communauté internationale ne pouvait pas laisser Bachar massacrer son peuple sans intervenir. Cet espoir lui a permis de supporter l'inimaginable : « On buvait de l'eau sale, on mangeait des herbes sauvages et pourtant l'espoir ne nous a jamais quittés. Autour d'un feu, lorsque les bombes nous laissaient un peu de répit, on se permettait de rêver à une vie meilleure. » Mais sa résistance s'effondre le jour où une bombe cible sa maison. « J'étais assise au salon et j'ai été projetée à quatre mètres. J'ai compris que c'était notre immeuble qui avait été bombardé. Je savais que mon frère était sur le toit. Il essayait de récupérer de l'eau de pluie pour alimenter notre réserve. J'ai couru vers la terrasse. Le sol était plein d'eau. L'eau était de couleur rose. Il n'y avait pas de doute, quelqu'un avait perdu beaucoup de sang. » Mouna ne parvient plus à articuler. Elle devient blême. Des larmes coulent sur ses joues. Je l'observe sans réellement savoir quoi faire. Je suis gêné, je m'en veux d'être le témoin impuissant d'une tragédie humaine. Mouna sort un mouchoir de son sac, s'essuie le visage et poursuit : « Il y avait un mur devant moi. J'ai suivi du regard un trait de sang rouge. Au bout il y avait une tête accrochée. J'ai reconnu les cheveux de mon frère. » Elle tremble. Je ne peux imaginer la souffrance que lui inflige sa mémoire. Et puis, son visage se durcit, son ton change. Il devient plus revendicatif : « À la nuit tombée, je n'ai réussi à fermer les yeux qu'une petite demi-heure. À mon réveil, j'ai vu le soleil se lever. Je me suis dit : "Mais comment la Terre peut-elle encore tourner ? Comment le soleil peut-il encore se lever avec toute l'injustice que nous subissons ?" »

Mouna n'est pas au bout de ses peines. Quelques jours après ce drame, un déluge d'obus remplis de gaz sarin frappe sa ville. Les images insoutenables de l'attaque chimique font le tour du monde en quelques heures. Des familles entières meurent asphyxiées dans leur sommeil. Les uns convulsent. D'autres, les pupilles dilatées, ne cessent de cracher une mousse blanchâtre. Un père tient ses jumelles de 6 ans sans vie dans ses bras et leur murmure : « Mes anges, qu'est-ce que l'on vous a fait ? Restez avec moi, ne me laissez pas… » Le monde est sous le choc mais ne réagit pas. Et pourtant, un an auparavant, Barack Obama, debout devant l'entrée principale de la Maison-Blanche, avait déclaré à la presse : « La ligne rouge pour nous est que le régime déplace son arsenal chimique ou qu'il en fasse usage. » Quant au président de la République française François Hollande, il annonce à la conférence des ambassadeurs vouloir aller « punir ceux qui ont pris la décision infâme de gazer des innocents ». La France et les États-Unis promettent des frappes aériennes. Aucun des deux dirigeants ne tiendra parole.

En août 2013, le mois de ce drame, je suis sur le point de partir en Syrie. Je suis abasourdi. Je sais que rien ne sera plus jamais comme avant et que la guerre syrienne vient de franchir une nouvelle étape dans l'horreur. L'Armée syrienne libre et les démocrates que j'admirais pour leur courage viennent de perdre un élément essentiel dans leur combat : l'espoir. Ils avaient d'un côté un président devenu sanguinaire qui défiait le monde et de l'autre des djihadistes prêts à tout pour instaurer un État islamique. Mouna, comme la majorité des démocrates syriens, est prise entre le marteau et l'enclume. Son amie, Loubna, une révolutionnaire syrienne et militante pour les droits des femmes, me dira des années plus tard : « Ce jour-là, Obama nous a fait perdre le peu de courage qui nous restait et le rêve qu'une justice punirait ce criminel de Bachar el-Assad et tout son gouvernement. C'est la chose la plus dure à retrouver. Cette confiance que tu as perdue que justice puisse être rendue un jour. »

Ce recul des Américains et des Français va laisser le champ libre à la Russie. L'arrivée de militaires russes sur le sol syrien va s'accentuer. Poutine, qui s'est senti trahi après que la Grande-Bretagne et la France, sous l'égide de l'OTAN, ont décidé de bombarder la Libye et de destituer son dirigeant, Kadhafi, voit là une occasion d'effacer l'humiliation subie sur le sol libyen. Rappelez-vous, en 2011, pour la première fois dans l'histoire, la Russie s'était alignée avec les États-Unis au sein de l'ONU pour une intervention internationale dans les affaires intérieures d'un pays tiers. Mais la résolution onusienne ne mentionnait pas le renversement de Kadhafi. Ce dernier sera assassiné. Poutine est mis devant le fait accompli. Il ne décolérera pas. En Syrie, il ne réitère pas la même « erreur ». Il protège sa zone d'influence et en profite pour se positionner sur l'échiquier international comme un interlocuteur incontournable pour régler le conflit syrien.

Fin 2013, un an avant l'annonce officielle du déploiement de l'armée russe en Syrie, les photos de soldats du Kremlin qui paradent armes à la main dans les rues de Damas sont postées sur Facebook. Les révolutionnaires ne s'y trompent pas. Ils manifestent et prient Vladimir Poutine de cesser de massacrer les civils et d'ordonner à son armée de rentrer chez elle. Les caricatures du président russe fleurissent sur la Toile. Kafranbel, un village situé dans la région d'Idlib, en a fait sa marque de fabrique. Il est devenu le symbole d'une résistance pacifiste basée sur l'humour et les coups de crayon. Chaque semaine, des dizaines de jeunes Syriens se réunissent, arborant des caricatures qui racontent l'effroyable de leur quotidien. Une photo immortalise le moment et elle est aussitôt postée sur les réseaux sociaux. Raed Fares, un jeune trentenaire et père de famille, est leur chef de file. Il repère les jeunes dessinateurs, les encourage et parfois leur souffle des idées. Contacté par téléphone, il me dit : « Je suis un simple agent immobilier que la guerre a transformé en résistant. Mais je suis pacifiste et je n'ai pas trouvé meilleure façon que l'humour pour sensibiliser les gens à notre combat. » Raed Fares ne s'arrête pas là. Avec l'aide de donateurs étrangers, il crée la première radio libre de sa région. Les jeunes s'y réunissent, débattent en toute liberté. Ils ne ménagent ni les djihadistes ni Bachar el-Assad et ses soutiens. Menacé, kidnappé à plusieurs reprises et torturé, il n'a jamais baissé les bras. En janvier 2014, alors qu'il quitte la radio à 1 heure du matin, deux djihadistes de Daech sont tapis dans l'ombre à trois mètres de sa voiture. À peine franchit-il la porte qu'ils tirent une cinquantaine de balles dans sa direction. Trois d'entre elles lui transpercent la poitrine. Laissé pour mort, il est exfiltré en Turquie avant d'être transporté en urgence aux États-Unis où il subit plusieurs opérations. Quatre mois plus tard, alors qu'il est encore affaibli, il décide de revenir à Kafranbel, son village natal, pour poursuivre son combat. En 2018, une autre tentative d'assassinat lui est fatale. Il meurt criblé de balles, gisant dans son sang, au volant de sa voiture. Un an avant son décès, il avait été convié à un colloque organisé à Oslo. À la tribune, devant une salle comble, il expliquait, visiblement ému : « Je vous promets que la révolution syrienne va changer le visage du Moyen-Orient parce qu'elle change les êtres humains de l'intérieur. Les révolutions ce sont des idées, et aucune arme ne peut tuer des idées. »

En 2013, j'ai traversé à pied la frontière entre la Turquie et la Syrie clandestinement. J'ai marché cinq kilomètres dans le froid et le noir derrière un passeur recommandé par un haut responsable de l'Armée syrienne libre. Comme un animal craintif, mes sens sont aux aguets. Je suis à l'affût du moindre bruit. Chaque phrase prononcée par mon guide est analysée à la recherche du moindre indice de danger. Au bout d'une route rocailleuse, deux hommes armés nous attendent dans un vieux pick-up blanc. Mon guide salue le conducteur et m'invite à m'installer sur le siège arrière. Je m'exécute sans poser de question et la voiture démarre. Après un arrêt de quelques heures dans une maison isolée d'un village frontalier, nous reprenons la route aux premières lueurs du jour. Désormais, ma vie est entre les mains de parfaits inconnus et il en sera ainsi tout au long de mon séjour en Syrie.

Aux portes d'Alep, le paysage paisible de la campagne laisse place à des immeubles en ruine et des murs calcinés. Je découvre l'étendue du carnage qui va chambouler le destin de millions de personnes, comme celui de Marwa, une jeune fille de 13 ans qui était en train de jouer dans une rue déserte. Elle s'amuse avec sa meilleure amie, leurs cartables sur le dos. Elles font la course. Elles s'arrêtent pour reprendre leur souffle et rient aux éclats. Les deux amies se séparent. Chacune s'engouffre dans une ruelle différente. Un bruit assourdissant retentit. La terre tremble. Une fumée grise s'échappe du sol. Une bombe vient d'exploser. La mort a frappé, elle a ôté la vie à sa meilleure amie. Dans l'intimité de sa chambre, elle filme avec son téléphone. Elle le tourne vers elle. Elle pleure. Elle dit : « Pourquoi le destin m'a-t-il épargnée ? J'aurais préféré mourir, au moins je ne souffrirais pas ainsi. »

Quelle étrange impression d'écrire aujourd'hui, dix ans plus tard, qu'en Syrie il y a eu un demi-million de morts et des dizaines de milliers de disparus.

Le bâtiment où je trouve refuge est un collège de la ville transformé en caserne par l'Armée syrienne libre. Abou Ahmad est installé seul sur une chaise en plastique dont la blancheur n'est plus qu'un lointain souvenir. De petite taille, les yeux ronds, une moustache bien taillée, ce petit bonhomme asséché a l'air perdu dans ses pensées. Je remarque que sa chemise et son pantalon de ville, quoique poussiéreux, sont repassés avec soin et de bonne qualité. Il détonne dans un bâtiment qui grouille d'hommes en armes en tenue militaire négligée. Intrigué par sa présence, je m'installe à ses côtés et lui tends une cigarette. Dans un pays où fumer est un sport national, proposer une clope est une excellente manière de briser le silence. À ma grande surprise, il la refuse poliment et m'explique d'un air désolé qu'il n'a jamais fumé de sa vie.

— Vous êtes de l'Armée syrienne libre ? lui demandé-je après une brève présentation.

— Non, dit-il simplement.

Sa réponse succincte m'invite au silence mais je persiste.

— Excusez ma curiosité, vous faites quoi ici ? Vous êtes un révolutionnaire ? Vous voulez rejoindre l'Armée syrienne libre ?

Abou Ahmad se tourne vers moi. Il se redresse sur son siège, croise les bras et me fixe longuement comme pour juger si je suis digne de sa parole, puis il me confie :

— Je suis un officier de l'armée de l'air de Bachar el-Assad. Je viens de déserter et un de mes amis m'a ramené ici. J'attends d'être reçu par le colonel Okeidi qui dirige le lieu. Je ne sais pas si je veux rejoindre ou non l'Armée syrienne libre. J'espère simplement obtenir l'autorisation de dormir ici quelques jours. Mon avenir est un peu flou pour le moment.

Dans le bâtiment, on trouve des déserteurs plein les chambres. La plupart sont de simples troufions qui me paraissent sans intérêt. Abou Ahmad, lui, a quelque chose de différent. Il parle avec parcimonie et rien de ce qui se déroule devant lui n'a l'air de le perturber. Même si mon enquête à l'époque a pour but de prouver l'infiltration de djihadistes parmi les révolutionnaires, et même si un homme fraîchement arrivé dans les zones libres ne peut m'être d'aucune utilité, je ressens l'envie d'en savoir un peu plus sur l'histoire de cet homme.

— Vous étiez basé dans quelle caserne ?

— J'étais à l'aéroport militaire de Tiyas et c'est dans cette base que j'ai passé la plus grande partie de ma carrière.

— Et comment avez-vous réussi à fuir ?

— C'est une longue histoire. J'ai mis deux mois à organiser ma fuite. Dès le début de la révolution, les officiers ont reçu l'ordre de ne pas quitter les casernes et leurs familles étaient sous surveillance. Prétextant le décès d'un membre de la famille de ma femme, j'ai réussi à lui obtenir, à elle et à ma fille de 4 ans, un laissez-passer pour Homs. J'ai bien sûr menti en leur communiquant une adresse dans un quartier pro-régime de la ville. Une fois ma famille à l'abri au Liban, je n'avais plus rien à perdre, il fallait que je tente le tout pour le tout pour quitter cette armée qui ne trouvait plus grâce à mes yeux. Imaginez, la semaine dernière, deux soldats soupçonnés de vouloir déserter ont été fusillés sous mes yeux. Ce crime infâme commis en plein jour ne m'a pas découragé, bien au contraire. Il fallait que je parte.

— Et apparemment vous avez réussi.

— Oui, effectivement, mais ce n'était pas si facile que ça. L'idée même de continuer à servir un dictateur, à prendre soin des avions qui bombardent ma propre famille m'était insupportable. Alors, un matin à l'aube, je me suis faufilé en dehors des murs de la caserne avec un simple sachet en plastique contenant une tenue de civil. Une fois dehors, j'ai troqué mon allure militaire contre celle d'un simple citoyen et j'ai marché pendant des heures sans me retourner. Un ami m'avait promis de m'attendre à la sortie de la ville et il a tenu parole. Une fois dans sa voiture, il m'a donné la carte d'identité de son frère. Je ne trouvais pas qu'il avait les mêmes traits du visage que moi mais c'était ma seule porte de sortie. Comme il est originaire d'Alep, c'était plus judicieux pour moi de me diriger vers cette ville située au nord-ouest du pays plutôt que de me rapprocher de la frontière libanaise. J'ai passé les check-points la peur au ventre mais ça a marché. Ma famille a trouvé refuge dans un village de la Bekaa au Liban et moi, je suis là à 330 kilomètres d'elle, sans argent, à me demander pourquoi ma vie a pris une telle tournure.

Notre discussion dure une bonne heure. Moi, je n'ai pas le droit de sortir de la caserne sans la bénédiction du colonel qui la dirige, et lui est là, à mes côtés, sans réellement savoir ce que le destin lui réserve.

Abou Ahmad est un soldat de carrière élevé dans l'esprit de sacrifice pour récupérer le Golan et déjouer les conspirations étrangères. La répression féroce et l'utilisation de barils remplis de TNT envoyés au gré du vent sur des quartiers de civils a ébranlé ses certitudes. Dans ce couloir éclairé par intermittence par une lumière blafarde diffusée par des néons qui ne cessent de trembloter, il a l'air désemparé. Officier et de confession sunnite, il est devenu du jour au lendemain un soldat dont il faut se méfier. Bachar el-Assad est alaouite et a organisé son armée autour de personnalités de son clan. Les sunnites ne pouvaient que rarement accéder aux postes de pouvoir. Abou Ahmad, qui a toujours servi son président sans se poser de questions et qui croyait dur comme fer au nationalisme arabe de Bachar el-Assad, me donne l'impression de se réveiller avec la gueule de bois.

Abou Ahmad était basé à Tiyas, la plus grande base militaire de l'armée de l'air syrienne. Située dans le désert entre les villes de Homs et de Palmyre, elle est plus communément connue sous le nom de T-4. Depuis les années 2000, une vingtaine de MiG et Sukoi – des avions de chasse russes – y sont stationnés. Elle est l'un des points stratégiques de la défense de Bachar el-Assad. Je réserve mes questions sur cette base pour la fin de notre discussion. Mais nous sommes interrompus par un jeune révolutionnaire. C'est l'heure de l'entretien d'Abou Ahmad avec le colonel Okeidi.

À la fin de la journée, nous nous retrouvons dans une salle de cours transformée en dortoir. Abou Ahmad a l'air plus détendu. Il a le droit de rester parmi nous. Cela me réjouit et j'ai l'impression qu'il apprécie aussi ma compagnie. Alors, lorsque le bruit d'une bombe qui s'écrase à quelques centaines de mètres de notre refuge retentit, je tais ma peur de voir un de ces engins de mort pulvériser notre bâtiment et je lui demande :

— Vous qui vivez dans une caserne de l'armée de l'air, pensez-vous que Bachar el-Assad a toujours les moyens de faire voler ses avions ? Le pays est sous embargo que je sache, les avions sont plutôt anciens et ils ont besoin de pièces de rechange pour être entretenus.

— Vous avez raison, mais nous avons eu récemment la visite de militaires russes de haut rang. Leur présence annonce sans aucun doute une implication militaire du Kremlin dans ce conflit. Et ça, ça n'annonce rien de bon pour tous les Syriens.

Pour les révolutionnaires syriens, la présence russe dans leur pays est le secret le moins bien gardé de Bachar el-Assad. Mais à l'époque, rares sont ceux qui peuvent différencier les milices privées de l'armée régulière russe. Abou Ahmad, l'officier de l'armée de l'air de Bachar el-Assad, est l'un d'entre eux. La veille de son départ d'Alep pour la Turquie où il espère trouver le moyen de rejoindre sa famille au Liban, nous nous installons sur un banc dans la cour du collège qui nous sert de refuge. Alep l'a changé. Il est devenu moins affable, plus aigri. Dix jours ont passé depuis notre première discussion. Entre-temps, deux ruelles d'un quartier de la ville ont été rasées par des bombes. Les hôpitaux sont submergés par les blessés et font face à une grave pénurie de fournitures médicales. Abou Ahmad a pris sa décision. Il ne va pas intégrer l'Armée syrienne libre. Sa famille a besoin de lui et à ses yeux l'ALS est trop désorganisée pour espérer gagner la guerre. Il me confie :

— Les jeunes de cette caserne pensent tous que Bachar est aux abois et qu'il va finir par s'enfuir comme le président tunisien. Mais ils se trompent profondément.

— Pourtant, sur le plan international, il a très peu de soutiens, lui rétorqué-je.

— Des soutiens, il en a. Le Hezbollah libanais a envoyé plusieurs unités très bien formées et disciplinées. Et d'après mes dernières informations, Bachar el-Assad aurait même engagé des mercenaires russes pour protéger les sites pétroliers. Crois-moi, cette guerre va durer !

La présence de mercenaires russes me paraît à l'époque anecdotique face à l'émergence des djihadistes qui sont à mes yeux le mal absolu. Ils infiltrent les révolutionnaires et islamisent petit à petit leurs slogans et leurs esprits. J'observe avec écœurement l'émergence de Daech, qui va finir par conquérir 70 % du territoire syrien, imposer sa loi et commettre les pires atrocités. Mais au même moment, une autre force tout aussi menaçante que l'État islamique est en train de naître. Elle est l'invitée de l'armée régulière de Bachar el-Assad. Son nom : Wagner. Elle aussi n'a que faire des lois internationales. Elle aussi, tel un monstre sans conscience, va commettre des crimes de guerre et s'implanter sur plusieurs territoires.

En 2013, Bachar el-Assad perd du terrain. Il est aux abois et réclame de l'aide aux rares soutiens qui lui restent. Pour protéger les sites pétroliers de Deir ez-Zor dont il a besoin pour renflouer les caisses de l'État, il va alors faire appel à une SMP répondant au nom de Corps slave. D'après plusieurs enquêtes menées par des médias indépendants russes, deux cent soixante-sept combattants sont arrivés sur le sol syrien. Parmi eux, Dmitri Outkin, un militaire russe fraîchement retraité d'origine ukrainienne ayant travaillé au sein du GRU. Crâne rasé et tatouages nazis sur le corps, ce nostalgique du IIIe Reich a choisi Wagner comme nom de guerre, en référence au compositeur préféré d'Hitler. L'unité de Dmitri Outkin ne se limitera pas à la protection des sites pétroliers. Ils vont participer à plusieurs reprises aux affrontements contre l'État islamique. Mais Bachar el-Assad ne leur fournira ni les armes ni l'aide logistique qu'il leur a promises. L'équipe de mercenaires ne fait pas le poids devant des djihadistes venus nombreux des quatre coins du monde. Elle jette l'éponge et décide de plier bagage. Or cette mission avortée n'a pas la bénédiction du Kremlin. Dans le milieu militaire russe, elle fait grincer des dents. À leur retour, les deux dirigeants de Corps slave, Vadim Gussev et Evgueni Sidorov, sont emprisonnés et condamnés à trois ans de prison. En Russie, en vertu de l'article 359 du Code pénal, les activités liées au mercenariat sont passibles d'une peine pouvant aller jusqu'à huit ans de prison.

Cette première incursion de Corps slave en Syrie a relancé le débat sur la légalisation des SMP en Russie. Oleg Krinitsyn, ancien militaire et fervent défenseur d'une légalisation des SMP, monte au créneau pour défendre les deux dirigeants emprisonnés. Il explique dans un entretien accordé à *Military Review*, une publication russe pro-gouvernementale : « Des Tchétchènes se battent en Syrie aux côtés d'al-Qaida et d'al-Nosra. Ils tuent, violent et commettent des actes immondes pour de l'argent. Ces wahhabites russes ne sont pas poursuivis. Aucune enquête n'est ouverte contre eux. Espérons que le bon sens triomphera et que Sidorov et Gussev seront bientôt libérés. Ce ne sont pas les pires membres de notre société. Ils ont beaucoup œuvré pour notre pays. »

L'état-major et les services de renseignement russes sont divisés sur le bien-fondé d'accorder ou non une existence légale aux SMP. Il y a ceux qui militent pour une législation transparente et un encadrement officiel du ministère de la Défense et ceux qui privilégient une armée de l'ombre qui peut agir en toute impunité sans que la Russie ne soit blâmée pour leurs actions. Vladimir Poutine, qui dès 2012 a suggéré « qu'une corporation d'entreprises militaires privées serait un outil efficace pour réaliser les objectifs nationaux sans faire appel à la participation directe de l'État russe », a visiblement fait son choix. Cette phrase n'échappe pas à un ex-truand qui a fait fortune grâce aux juteux contrats publics de livraisons de vivres concédés par le Kremlin. Son nom, Evgueni Prigojine. À l'instar du duo composé par Erik Prince et George Bush qui a donné naissance à Blackwater, Evgueni Prigojine et Vladimir Poutine créent une armée de l'ombre sans foi ni loi nommée Wagner. Dmitri Outkin, accusé de mercenariat, sera décoré de la médaille de l'Ordre du courage. Il apparaîtra aux côtés de Vladimir Poutine lors de la Journée des héros. En 2014, Wagner fera ses premiers pas en Ukraine dans la région du Donbass, aux côtés des séparatistes pro-russes. Elle fera son retour en Syrie quelques mois plus tard, dans le sillage de l'armée régulière russe.

CHAPITRE 11

La Syrie, un laboratoire d'expérimentation de l'horreur pour Wagner

Affamer la population, cibler les hôpitaux et les écoles, éliminer les opposants, la guerre en Ukraine amorcée le 24 février 2022 est une copie conforme de celle menée sept ans auparavant en Syrie par Vladimir Poutine. La Syrie a servi de laboratoire au chef du Kremlin pour expérimenter sa stratégie. Les Syriens sont devenus au fil des années de simples cobayes que l'on peut sacrifier au gré des intérêts territoriaux et financiers. Alexander Dvornikov, appelé à la rescousse le 9 avril 2022 pour diriger le haut commandement de l'offensive russe en Ukraine, n'est autre que celui que l'on surnomme « le boucher d'Alep ». Pour l'amiral américain à la retraite James G. Stavridis, Alexander Dvornikov a, en Syrie, « organisé des tortures, autorisé des viols systématiques, utilisé des agents toxiques… C'est le pire du pire. » Il est responsable de pas moins de neuf mille frappes aériennes sur Alep.

Comment la communauté internationale peut-elle être témoin de crimes de guerre et de crimes contre l'humanité sans réagir ? Que font les nombreuses instances internationales aptes à les poursuivre ? La Cour internationale de justice, qui est l'organe judiciaire de l'ONU, la Cour européenne des droits de l'homme ou la Cour pénale internationale servent-elles encore à quelque chose ? En Syrie, depuis onze ans, les criminels de guerre continuent de sévir en jouissant d'une totale impunité. Face à une justice à la peine, les démocrates syriens sont désabusés et abattus. Quelques-uns n'ont pas baissé les bras. Ils se sont mis en tête de récolter des preuves en espérant qu'un jour elles pourront servir à leur rendre un peu de leur dignité. Abou Ahmed est l'un d'entre eux. C'est un jeune Syrien de 27 ans que j'ai plaisir à revoir lors de mes passages en Turquie. Il a quitté son pays avec le rêve qu'un jour il pourra y retourner et fêter la chute de Bachar el-Assad. Ce rêve dure depuis dix ans. Il est ancré au plus profond de son âme et le maintient en vie. Mais le temps passe et l'illusion s'évapore. Son visage se creuse. Son sourire se fait plus rare et son assurance s'amenuise. Abou Ahmed se méfie de tout le monde. À 17 ans, alors qu'il s'apprêtait à rejoindre des manifestants, quatre hommes armés enfoncent la porte d'entrée de son domicile, l'immobilisent et le traînent à l'extérieur. Ils le rouent de coups avant de le jeter dans le coffre de leur voiture et de le kidnapper. Il apprendra plus tard que c'est son meilleur ami qui l'a dénoncé aux services de renseignement syriens, Zouheir, un jeune plein d'humour qu'il a croisé la première fois au lycée, devenu le pote de toujours, le complice sans qui rien n'a la même saveur et le confident auprès de qui il épanche son cœur et avec qui il partage les premiers émois. Être trahi par son meilleur ami l'a marqué à vie. C'est un coup de poing à l'estomac et la douleur persiste, il ne peut s'y soustraire. À sa sortie de prison, abîmé par dix mois de torture, l'innocence de sa jeunesse a disparu et l'amitié est devenue pour lui un mot vide de sens. Abou Ahmed est devenu au fil du temps l'un de mes plus sérieux informateurs. Comme moi, il a la naïveté de croire qu'un jour le droit international triomphera. À chacun de mes passages en Turquie, je le retrouve dans un café à chicha où nous avons nos habitudes. Nous y passons des heures, lui sur un sofa défraîchi, savourant avec délectation un narguilé à la cannelle pour apaiser sa souffrance, moi face à lui, sur un fauteuil, un verre de thé à la main. Abou Ahmed est un garçon du silence. J'ai souvent l'impression de le déranger avec mes interrogations, mais il faut admettre qu'il finit toujours par se plier au jeu des questions-réponses. En 2017, comme je viens de lire un article signé par Maxim Borodin, un jeune journaliste russe, publié par l'agence

Novy Den, qui démontre le lien entre la présence de mercenaires russes en Syrie et le Kremlin, je lui demande son avis sur le sujet. Abou Ahmed tire quelques instants sur sa chicha avant de répondre.

— Les fous de ce monde se sont donné rendez-vous en Syrie pour massacrer des innocents en toute impunité. Alors franchement, que des mercenaires russes soient sur le territoire syrien, ça n'a rien d'étonnant.

— Mais tu as quelques infos là-dessus ? Tu sais que le journaliste russe qui a enquêté sur le sujet a été retrouvé inconscient au pied de son immeuble par ses voisins ? D'après la police russe, il s'est suicidé en se jetant du balcon de son appartement situé au cinquième étage. Il n'avait que 32 ans. Pour eux, il s'agirait simplement d'un accident.

— Cher ami, me rétorque-t-il d'un air affligé, notre époque ne cherche plus à savoir. La vérité est enchaînée à un mur bien à l'abri des regards derrière les barreaux d'une prison bien gardée. Elle a beau hurler, sa voix ne parvient pas jusqu'à nous.

Abou Ahmed change de sujet. Ce soir-là, il avait juste envie de s'enivrer doucement au rythme du gargouillement des bulles d'air de son narguilé et d'oublier la laideur de ce monde. Je tais ma recherche d'informations et accepte volontiers de continuer à discuter de banalités de la vie jusque tard dans la nuit.

Le lendemain, il m'invite chez lui. C'est une première. Jamais jusque-là je n'ai eu ce privilège. Un geste fort pour ce jeune homme énigmatique qui m'a toujours inspiré confiance. Abou Ahmed habite au dernier étage d'un petit immeuble un peu délabré de l'un des quartiers populaires de la ville. Je sonne et comme le veut la tradition syrienne je me déchausse. La porte s'ouvre. Abou Ahmed apparaît, un timide sourire aux lèvres. Je lui tends la main. Il joint les siennes et m'invite à le suivre. On s'installe dans l'unique pièce de l'appartement. Une photo trône sur un meuble défraîchi. Au premier plan, deux jeunes filles posent dans un jardin public d'Alep. Elles ont l'air heureuses. Je devine que ce sont ses deux sœurs. Abou Ahmed prend le cadre dans ses mains, le regarde avec beaucoup de tendresse et me dit : « Ce sont mes deux amours. » Je reste silencieux. Je connais leurs destins tragiques et je n'ai pas envie de raviver sa souffrance. Mariées de force avec des djihadistes, elles sont mortes sous les bombes de l'aviation russe. Combien sont-ils comme Abou Ahmed à taire leurs cris, leurs pleurs et leur rage ? Je n'ose l'imaginer.

Après un verre de thé, il s'installe à son bureau et m'invite à m'asseoir à ses côtés. Sur l'écran de son ordinateur, je découvre des dizaines de dossiers méticuleusement rangés. Des milliers de photos et de vidéos de crimes commis sur des civils en Syrie. Chacune d'elles est associée à des captures d'écran qui définissent avec précision origine et date de parution. Un travail solitaire, une vie dévouée à un combat contre l'impunité. Je saisis enfin la raison de la fiabilité des informations qu'il partage de temps à autre avec moi. Il me dit :

— Hier tu m'as posé une question sur la présence des Russes en Syrie, alors regarde ça. Je pense que ça va t'intéresser.

Abou Ahmed clique sur une vidéo. Des soldats armés d'une masse apparaissent. Ils frappent sauvagement un civil. Ils se filment en échangeant ce qui s'apparente à des blagues en russe.

Les images sont insoutenables. Je me lève. Je me place derrière. Je veux mettre de la distance entre l'horreur qui défile sous mes yeux et mon âme.

Abou Ahmed devine mon malaise.

— Tu n'as encore rien vu, me dit-il avec détachement, avant de lancer la lecture d'une autre vidéo.

Je reconnais les mêmes hommes. L'un des tortionnaires a une pelle à la main. Il s'en sert pour démembrer le prisonnier. Le sang gicle. L'autre tortionnaire se saisit d'une corde et attache le corps par les pieds avant d'y mettre le feu.

Je suis écœuré. J'ai envie de vomir. Je reste longtemps silencieux. Je cherche du regard un refuge pour oublier cette scène macabre. Rien n'y fait. Je suis à terre, sonné. Je finis par réagir. Un réflexe de journaliste. Je demande :

— Ce sont des Russes ?

— Évidemment ! Leur tenue, la maîtrise de la langue, tout prouve qu'ils sont russes. C'est des fous furieux.

Je marque une pause et je précise :

— Si tu en as d'autres comme ça, je ne veux pas les voir. C'est insupportable !

Abou Ahmed ne répond pas. Il éteint son ordinateur. Et revient s'installer à la table. Il est sombre. Je suis incapable de l'aider. J'étouffe dans cette pièce. J'ai honte de vouloir m'éloigner de lui, pour mettre de la distance entre son ordinateur et moi, le plus loin possible. J'ai besoin de retrouver la lumière, de laisser ces images barbares derrière moi se dissiper et s'évanouir dans le brouhaha de la vie. Je veux garder l'illusion qu'aucun être sur cette terre n'est capable de faire ce que je viens de voir.

Deux ans plus tard, la même vidéo fait son apparition furtivement sur les réseaux sociaux. Un journaliste indépendant russe de *Novaya Gazeta* la remarque et arrive à identifier avec certitude l'un des soldats comme une recrue de Wagner.

Wagner s'est installé durablement en Syrie. C'est dans ce pays qu'Evgueni Prigojine affine sa stratégie. D'un côté, il offre aux forces régulières russes son aide et de l'autre il implante ses entreprises pour s'approprier le peu de richesses que la

Syrie, sous embargo et appauvrie par des années de guerre, détient encore. Bachar el-Assad, qui doit son maintien au pouvoir aux forces de Vladimir Poutine, ne peut rien lui refuser. Les hommes de Wagner sont chez eux. Ils pillent, assassinent la population sans qu'aucune voix ne s'élève contre eux. Les territoires qui les intéressent le plus sont ceux dont le sol regorge de pétrole. L'un d'eux leur échappe pourtant. Il est sous l'autorité des combattants kurdes à quelques kilomètres de la ligne de front. C'est le champ pétrolier de Conoco, situé au sud de la région de Deir ez-Zor. Associés à Liwa Imam al-Baqir, une milice tribale pro-régime, les hommes de Wagner lancent une attaque. Ils pensent que les forces kurdes ne vont pas résister. Ce territoire n'est pas le leur, trop loin de leur zone d'influence. Or le champ pétrolier est déjà pris en main par une autre force, plus puissante, et qui n'a pas l'habitude de se laisser faire : l'armée américaine. L'accrochage se déroule le 7 février 2018 entre les localités de Khoucham et Al-Tabiyah sur l'Euphrate.

La Maison-Blanche réagit. Elle autorise le bombardement de leurs positions. En une nuit, soixante-dix mercenaires de Wagner et une centaine de miliciens syriens perdent la vie. Le Kremlin reste silencieux. Il ne peut émettre la moindre contestation sans dévoiler ses liens avec des mercenaires russes en Syrie. Treize jours après l'assaut, un communiqué du ministère russe des Affaires étrangères annonce que les citoyens russes morts à Deir ez-Zor s'étaient rendus en Syrie « de leur plein gré et à des fins diverses », et ne faisaient pas partie de la force militaire russe déployée dans le pays.

Wagner est un monstre qu'on a vu naître en Syrie et que l'on a laissé grandir sans rien faire. Avec la bénédiction du Kremlin et les financements d'Evgueni Prigojine, il est devenu le bras armé d'un homme d'affaires qui veut conquérir le monde. Les champs pétroliers syriens ne lui suffisent plus. Il lance son dévolu sur l'Afrique noire et lorgne sur les richesses de son sol. Fin tacticien, Evgueni Prigojine allie les ambitions géopolitiques du Kremlin à ses propres intérêts économiques. Au Mali, il finance discrètement des associations locales et prépare les esprits à l'arrivée en force de la Russie, de Wagner et à l'implantation de ses multiples entreprises. Le 11 novembre 2017, quatre mois après la visite d'Emmanuel Macron au Mali accompagné de Florence Parly, alors ministre des Armées, et de Jean-Yves Le Drian, ministre de l'Europe et des Affaires étrangères, le Mouvement des patriotiques, une association malienne sortie de nulle part, lance une pétition pour demander l'implication militaire de la Russie dans la crise qui secoue le pays. Sous couvert de discours nationalistes et panafricanistes, la France, principal partenaire économique du Mali, est priée de quitter le territoire. Interrogé sur Africanews, Kalil Cissé, le jeune leader de ce mouvement, explique sa position par « la mauvaise foi de la France et des forces de l'ONU » et il somme la France de quitter le pays car, dit-il : « Nous ne leur faisons plus confiance. »

La même année, M-Invest – une société affiliée à Evgueni Prigojine – dépêche une délégation en Centrafrique. Parmi ses membres, Dmitri Sytyi, un diplômé de l'école parisienne la Skema Business School, qui a mis son savoir-faire en marketing et données digitales au service de Wagner et de la propagande russe. D'après Dossier Center, une ONG qui répertorie les actes criminels des hommes du Kremlin, Dmitri Sytyi aurait travaillé à l'Internet Research Agency, une entreprise basée à Saint-Pétersbourg et considérée comme une « usine à trolls », financée par le Kremlin, dont le patron n'est autre qu'Evgueni Prigojine. Dans le journal télévisé de la chaîne Vision 4 – une chaîne centrafricaine qui vient d'ouvrir ses portes –, Dmitri Sytyi apparaît aux côtés d'Evgeny Kopot, l'un des principaux conseillers politiques du financier de Wagner, distribuant des sacs de riz à la population. Il explique dans un français teinté d'un léger accent russe : « Nous ne pouvons pas rester sans rien faire face à la situation dans ce pays… Nous sommes ici au nom du président de la Centrafrique et de son conseiller à la sécurité nationale. »

En mai 2018, trois mois après l'assaut de Wagner sur le champ pétrolier syrien, une photo prise au Forum économique international de Saint-Pétersbourg le montre un verre de champagne à la main en compagnie du président centrafricain Faustin-Archange Touadéra. Quelques mois plus tard, Dmitri Sytyi devient l'un des actionnaires de la société Lobaye Invest, une entreprise dont l'activité principale est la prospection des concessions minières en Centrafrique. Grâce à un arrêté signé le 25 juillet 2018 par Léopold Mboli Fatran, le ministre centrafricain des Mines, Lobaye Invest est la première société dirigée par un Russe à obtenir l'autorisation de rechercher des gisements d'or et de diamant.

Comment un territoire soutenu depuis son indépendance par la France est-il tombé dans l'escarcelle de la Russie ? Le premier élément de réponse date de 2012. À l'époque, François Hollande, qui dirige l'Élysée, annonce la fin de la Françafrique, mettant ainsi un terme au soutien de la France aux régimes africains. François Bozizé, le président centrafricain, est alors renversé par la Seleka, une coalition constituée de musulmans. La violence s'installe et elle devient de plus en plus difficile à maîtriser. Tous les ingrédients d'un génocide contre les populations chrétiennes sont ainsi réunis. L'Élysée s'inquiète et change alors de cap. En 2013, à l'initiative de François Hollande, le Conseil de sécurité des

Nations unies vote une résolution, adoptée à l'unanimité, qui autorise le retour de l'armée française en Centrafrique. Pendant un an, elle tente de désarmer la population et fait face à des explosions de violence sur une grande partie du territoire. Trois mille civils et trois soldats français perdent la vie et environ un million de personnes sont déplacées. François Hollande décide de retirer définitivement ses troupes et cède la place aux casques bleus de l'ONU. Ce choix va être perçu par les Centrafricains confrontés aux horreurs d'une guerre civile et à la famine comme un « abandon ». Evgueni Prigojine et Poutine entrent alors en scène. Ils financent plusieurs médias pour distiller au sein de la population le sentiment anti-français. Les hommes de Wagner font leur apparition. Comme en Syrie, la machine est en marche et plus rien ne peut l'arrêter.

Racket, torture ou menace, Evgueni Prigojine et ses hommes ne reculent devant rien pour s'enrichir. En Centrafrique, leur impunité est totale. L'Union européenne, qui depuis 2016 a consacré 17 millions d'euros à la formation des militaires centrafricains (FACA), assiste à la prise en main d'une partie de cette armée par les hommes de Wagner. La population est prise en otage. Elle n'a plus accès à la justice. Des experts de l'ONU tirent la sonnette d'alarme dans un rapport daté de janvier 2021, où l'on peut lire que des membres du groupe Wagner auraient commis « des viols et des violences sexuelles à l'encontre de femmes, d'hommes et de jeunes filles dans de nombreuses régions du pays ». Le rapport précise que par crainte des représailles, les survivants sont terrifiés à l'idée de saisir la justice et appellent « le gouvernement centrafricain à mettre fin à toutes relations avec le personnel militaire et de sécurité privé, en particulier le groupe Wagner ».

Comme un virus, Wagner s'est propagé au Mali, en Centrafrique, en Ukraine… mais aussi en Libye.

Chapitre 12

Libye, Wagner et les charniers de Tarhouna

« Monsieur, des Russes sont sur le sol libyen. Ils sont lourdement armés. D'après nos informations, ce sont des hommes de Wagner. » Ce message confidentiel émane d'un membre des services de renseignement libyens. Il est suivi d'une vidéo qui a été filmée quelques heures auparavant par un espion de l'armée du gouvernement de l'ouest de la Libye infiltré derrière les lignes de leur ennemi le général Haftar. Ce dernier a lancé une attaque surprise le 4 avril 2019 pour conquérir Tripoli, la capitale du pays. Le cessez-le-feu établi entre les deux camps est rompu. Ce message m'a été divulgué le même jour par une source au sein du ministère de l'Intérieur. Je découvre stupéfait qu'Haftar, soutenu officieusement par la France et qui détient la moitié du pays, a ouvert la porte à des mercenaires russes. Je n'ose y croire. Me voilà donc survolant la mer Méditerranéenne avec pour objectif de découvrir qui se cache derrière cette vidéo.

Il y a une rage qui ne me quitte pas. Elle marche à mes côtés tel un loup guettant le moindre signe de faiblesse pour surgir. C'est une colère intense et douloureuse. Chaque fois que je veux l'ignorer, elle me rappelle son existence à travers le souvenir des visages des rescapés de la guerre. Des ombres aux cœurs abîmés par l'horreur. À chacun de mes voyages en Libye, je m'installe dans l'avion qui relie Istanbul à Tripoli avec cette sensation terrible qu'elle va trouver matière pour se nourrir et se renforcer. Je pourrais bien sûr m'abstenir d'y aller mais c'est plus fort que moi. J'ai besoin du terrain pour mieux comprendre afin de mieux informer. Je refuse de voir une partie du monde tomber dans l'oubli car trop loin de nous, trop difficile d'accès pour les journalistes et théâtre d'enjeux incompréhensibles pour le grand public. J'observe la côte libyenne se dévoiler à travers les nuages en me demandant si, comme la vidéo le suppose, ce sont réellement les Russes de Wagner. Si c'est le cas, la guerre fratricide libyenne va changer. Elle sera plus mortelle, plus sophistiquée, faisant fi des droits humains. Les groupes armés qui s'entretuaient depuis dix ans ne seront plus de simples milices au service d'hommes politiques désireux de se maintenir au pouvoir. Ce ne seront plus les djihadistes rêvant d'instaurer un califat aux portes de l'Europe, qui ont été battus et se sont repliés dans le désert pour vivre dans la clandestinité. Wagner en Libye signifie des combats d'une autre catégorie, avec des professionnels, mieux entraînés, mieux armés, avides de richesses et tout aussi sanguinaires que les fous de dieu de Daech.

J'atterris à Tripoli dans un aéroport bombardé à plusieurs reprises et qui a encore une fois pansé ses plaies et repris timidement du service. Le pays est divisé en deux. Deux armées se font face. À l'ouest, basé à Tripoli, le gouvernement d'Entente nationale, reconnu par l'ONU et soutenu par les puissantes milices de Misrata. Et à l'est, le général Khalifa Haftar, un homme fort, du moins le proclame-t-il, qui s'estime capable de ramener l'ordre dans tout le pays. Il assure qu'il va éradiquer avec son armée tous les maux qui inquiètent tant l'Occident. Cette division entre l'Est et l'Ouest perdure depuis 2014, lorsque Haftar est apparu sur une vidéo diffusée sur Internet. En tenue militaire, raide comme la justice, il proclame sans sourciller la naissance d'une armée nationale libyenne. Face caméra, avec une reproduction de piètre qualité de la carte de la Libye épinglée sur un mur en arrière-plan, il explique d'un ton solennel : « Nous ne voulons ni nous arroger le pouvoir ni gouverner. Nous voulons la paix et organiser des élections libres et démocratiques. » Mais ce discours n'a pas l'effet désiré, bien au contraire. Haftar est perçu comme un futur dictateur qui veut instaurer un régime militaire. Une méfiance légitime quand on connaît le passé trouble du personnage. Avant de s'autoproclamer général et quelques mois plus tard maréchal, il a été dans le passé un colonel respecté du régime de Kadhafi. En 1987, au nom du dictateur, il a mené une offensive sur le pays voisin, le Tchad. Il y est fait prisonnier. C'est à cette époque qu'il est recruté par la CIA pour renverser Kadhafi. Julian E. Barnes écrira dans le *New York Times*, dans un article publié le 18 février 2018 : « Le travail de M. Haftar pour la CIA, comme presque toutes les opérations d'espionnage, est drapé de mystère. Ancien assistant du colonel Kadhafi, il s'est retourné contre le dirigeant libyen en 1987 et a été recruté par les services de renseignement américains... » Haftar échoue dans sa mission et est exfiltré vers les États-Unis. Ghassan Salamé, l'envoyé spécial de l'ONU en Libye de 2017 à 2020, m'explique lors d'un entretien à Paris : « La CIA l'a aidé certainement à être exfiltré du Tchad. Ensuite, elle l'a aidé quand il a raté son coup contre Kadhafi à l'époque, et puis sans doute l'a-t-elle aidé à s'installer aux États-Unis. Mais ce sont plus les forces antiterroristes américaines qui vont ensuite revenir vers lui quand il s'installe à Ar Rajma dans l'est de la Libye après 2014. »

Khalifa Haftar d'un côté, le gouvernement de l'Ouest de l'autre, la Libye plonge dans une guerre sans fin. Le pays passe d'un cessez-le-feu à un autre et d'un conflit à un autre. Les conférences internationales et les rapports du Conseil de sécurité de l'ONU se succèdent et sur le terrain rien ne change. Malgré cinq ans de conflit, la ligne de front est figée. Personne ne l'emporte jusqu'en 2019. Haftar lance alors une offensive d'envergure et conquiert 85 % du territoire. Il est aux portes de la capitale libyenne. Tous les combattants de Misrata rejoignent Tripoli pour venir en aide aux forces du gouvernement de l'Ouest. La plupart sont jeunes. Ils paradent dans les rues de leur ville une dernière fois sous les applaudissements de la population. Je reconnais quelques visages. J'étais à leurs côtés pendant la guerre contre Daech à Syrte. À l'époque, ils étaient peu entraînés et menaient là leurs premiers combats. Cinq ans plus tard, ils sont devenus une référence pour les nouvelles recrues. Tous unis pour repousser les assauts sur la capitale libyenne. Ghassan Salamé ne décolère pas. Il avait pendant des mois tenté de ramener la paix en Libye. « L'attaque a eu lieu, me dit-il, le 4 avril 2019. La conférence nationale était prévue pour le 14 avril. Haftar savait, puisqu'on lui avait demandé de se faire représenter, qu'une conférence nationale pour la paix aurait lieu dix jours plus tard. Pis encore, il savait, puisque j'étais allé le lui dire confidentiellement un mois plus tôt, que le secrétaire général venait le voir le 5 avril et il choisit cette date du 4 avril pour à la fois ruiner la visite du secrétaire général et ruiner la conférence nationale. Alors vous dire que j'étais content de ce qu'il a fait serait vous mentir. J'étais en colère et je le lui ai dit. » Même stupéfaction du côté de l'armée de l'Ouest. Le général Abou Chahma, le chef d'état-major de l'Ouest, un grand-père à la barbe blanche que j'imagine aisément en train de conter une histoire à ses petits-enfants plutôt qu'en dirigeant d'une armée sur le sentier de la guerre, m'explique sous l'œil de son garde du corps : « Cette attaque nous a réellement pris de court car dans les mois précédents, il y a eu de très nombreuses rencontres entre le chef du gouvernement de l'Ouest M. Fayez el-Sarraj, les Nations unies et Khalifa Haftar en personne. Ces discussions se sont déroulées dans plusieurs pays, notamment aux Émirats arabes unis. Nos pourparlers avaient pour but de mettre fin à la guerre. Mais Khalifa Haftar a décidé de réduire en cendres toutes nos discussions. »

Comment un ex de la CIA, disparu des radars pendant vingt-quatre ans, revenu en Libye sans argent ni armée, a-t-il pu réussir ce tour de force ? Les hommes lourdement armés sur la vidéo étaient-ils réellement des mercenaires russes ? Alors que Salem, mon chauffeur, roule à toute allure vers le centre de Tripoli, les questions fusent dans ma tête. Notre voiture remonte une longue avenue entourée d'immeubles éventrés par des obus. Sur un terrain vague, un palmier orphelin à moitié calciné résiste à la mort. Salem n'y prête pas attention. Il conduit sa vieille Toyota à toute allure, son siège reculé au maximum, la jambe gauche installée sur le tableau de bord et le téléphone vissé à l'oreille. Il a fière allure avec ses cheveux gominés et ses lunettes Gucci sur le nez. Je le regarde, il se tourne vers moi, je souris. Il me tend une cigarette et me dit : « Tu vois cette ville, jamais elle ne tombera entre les mains d'Haftar. Il a osé nous attaquer et tirer sur des civils, si un jour je le croise je le briserai en deux et laisserai son corps se faire dévorer par une meute de chiens errants. » Et il éclate de rire. Il sait pertinemment que je ne le crois pas. Salem n'est pas violent, même s'il fanfaronne à longueur de journée, une arme de poing bien visible à l'arrière de son pantalon. C'est un jeune en peine qui pour survivre dans une ville martyrisée par tant d'années de guerre s'est adapté et a retourné la situation en sa faveur. Il erre dans la rue, rend service aux plus offrants. Il est devenu incontournable pour les malfrats comme pour les seigneurs de guerre. C'est un guide précieux dans une ville où chaque quartier est entre les mains d'une milice différente. À Tripoli et seulement à Tripoli, il est capable de franchir n'importe quel check-point sans être inquiété. Il ne travaille jamais pour les étrangers et ne se mêle jamais de politique. Lors de notre première rencontre, il me dira : « Les étrangers et surtout les journalistes occidentaux j'évite, car vous êtes un nid à problèmes. Mais j'ai reçu un coup de fil d'un homme à qui je ne peux rien refuser qui m'a demandé de prendre soin de toi. Je vais le faire, mais je te le dis, je ne suis pas ravi. »

Mes deux premières journées à Tripoli sont réservées à des entrevues officielles. C'est une règle que je me suis imposée pour m'assurer une liberté de circuler en toute sérénité sur le territoire. Je rencontre, un à un, ministres, chefs de milice et quelques députés choisis pour leur pouvoir et leur ancrage régional. C'est un exercice périlleux. Il ne faut oublier personne et maîtriser les alliances pour ne pas commettre d'impair. Après un passage éclair au bureau chargé de la presse étrangère, où une équipe de journalistes italiens patiente depuis quelques jours pour décrocher une autorisation de tournage et que je ne peux malheureusement pas aider, je démarre ma tournée avec Walid Ammar al-Lafi, le plus jeune ministre d'État du pays, chargé de la Communication et des Affaires politiques. Il me reçoit dans son bureau avec un grand sourire, vêtu d'un costume bleu qui semble taillé sur mesure et d'une chemise d'un blanc éclatant. Walid Ammar maîtrise l'art de la communication. Il est l'un des premiers à avoir compris l'importance des médias. Seulement trois ans à peine après la chute de Kadhafi, il crée l'une des premières chaînes de télévision privées du pays. Quelques années plus tard, il est à la tête d'un groupe de médias présent sur tout le territoire. Une de ses chaînes sera la cible de djihadistes. Un douloureux souvenir pour ce jeune homme que je soupçonne d'ambitionner de devenir un jour président du pays. « On a été attaqués à plusieurs reprises, me dit-il avec simplicité. On a eu droit à des tirs de RPG, à des missiles. Ils menaçaient quotidiennement les journalistes mais on a résisté, jusqu'au jour où ils ont réussi à s'introduire dans les locaux et où ils ont tout brûlé. » Depuis, il a délocalisé son groupe en Turquie en attendant des jours meilleurs. À la question de savoir quel soutien Haftar a eu pour oser s'attaquer à Tripoli, Walid Ammar évite soigneusement de répondre. Il sait qu'en Libye les alliances bougent et que l'ennemi d'aujourd'hui peut devenir le soutien de demain. Il répond : « Il y a effectivement des grandes puissances dans notre pays, ils interviennent d'une manière ou d'une autre... Le gouvernement tend la main à tous ceux qui sont pour la construction de l'État, et sa stabilité, et rejette tout parti, ou toute personne, qui appelle à la guerre, souffle sur la braise, ou se sert du chaos comme moyen pour arriver au pouvoir. »

Ministre du Pétrole, président du Parlement... tous me reçoivent avec beaucoup d'égards, même si la France est soupçonnée de ne pas être totalement neutre dans le conflit qui oppose l'Est et l'Ouest libyens. La presse française est plutôt reçue au compte-gouttes. Elle n'est pas la bienvenue. Moi, ils me tolèrent. Après deux jours d'entretien, ma mission est accomplie. Je peux quitter le brouhaha de la capitale libyenne pour retrouver une expression plus spontanée, celle du peuple, façonnée par les blessures de la guerre et les espoirs perdus.

Je prends la route à l'aube, direction la ville de Tarhouna, située à 80 kilomètres au sud-est de Tripoli. Salem, mon chauffeur, a cédé sa place à Fatih, un homme plus âgé, plus taiseux et surtout plus à même de passer inaperçu dans une région où le kidnapping est devenu un sport national. Accéder à Tarhouna était une première pour moi. Depuis 2013, cette ville vivait sous le joug d'une milice sanguinaire dirigée par une fratrie de sept hommes de la famille Al-Kani. Pour se maintenir au pouvoir, les frères Al-Kani et leur milice changeaient de camp au gré des circonstances. Révolutionnaires au départ, proches des salafistes deux années plus tard, ils ont fait allégeance au général Haftar en 2019 lors de son offensive sur Tripoli. Pendant sept ans, ils ont rançonné la population et ont imposé une rente aux trafiquants de drogue et aux passeurs de migrants. Tarhouna est devenue un territoire à part, fonctionnant de manière autonome et dirigé par ces seigneurs de guerre surnommés par la population « les maîtres de la terreur ». Quelques semaines après sa libération, on aurait pu penser que la population allait accueillir à bras ouverts son libérateur mais ce ne fut pas le cas. La population martyrisée se méfie. Elle ne veut plus d'étrangers sur son territoire et encore moins des Français soupçonnés d'avoir soutenu le général Haftar dans son offensive contre Tripoli. Bernard-Henri Lévy en a fait les frais. Pensant être reçu avec les honneurs, il est arrivé en jet privé à Misrata avec au programme la rencontre de plusieurs responsables de la ville et un déplacement à Tarhouna pour enquêter sur les crimes de guerre perpétrés dans la ville. Ce voyage était organisé en collaboration avec le ministre de l'Intérieur Fathi Bashagha, mais sans l'aval du chef du gouvernement de l'Ouest de l'époque, Fayez el-Sarraj, qui le prend mal. Le voyage de BHL va mal tourner. Une semaine avant son arrivée en Libye, un membre d'une des plus puissantes milices de la ville de Misrata me contacte par téléphone et me demande :

— Tu connais Bernard-Henri Lévy ?

La prononciation en arabe du nom de BHL est très approximative. Après lui avoir fait répéter le nom à plusieurs reprises, je finis par comprendre de qui il s'agit. Intrigué par cette question, je lui réponds :

— Je ne le connais pas personnellement. Mais pourquoi t'intéresses-tu à cet homme ?

— Il va venir à Misrata et ici on se pose la question sur les raisons de son voyage. On se demande pour qui il roule et s'il a encore de l'influence en France comme au temps de Sarkozy. Qu'est-ce que tu en penses ?

Même si j'ai mon avis sur le personnage, je m'abstiens de répondre. Sur un terrain de guerre, chaque mot peut être interprété, déformé, et avoir des conséquences que l'on ne peut maîtriser. J'esquive la question :

— Tu es sûr qu'il vient en Libye ?

— Oui, c'est sûr mais je crois qu'il n'est pas forcément le bienvenu.

— Pourquoi ? je lui rétorque.

— Cette visite est organisée par Fathi Bashagha, le ministre de l'Intérieur, qui veut montrer qu'il a des appuis à l'étranger. Le bureau du chef du gouvernement n'a pas été informé officiellement. Et tu connais la rivalité qu'il y a entre les deux hommes. Venir ici sans le feu vert de tout le monde, c'est plutôt risqué.

Cette discussion qui me paraît surréaliste prend tout son sens lorsque BHL annonce officiellement son voyage et qu'il atterrit à Misrata. Une partie des dirigeants de la ville refusent de le rencontrer. Le ministre de l'Intérieur, Fathi Bashagha, nie toute implication dans son déplacement, même si l'escorte de BHL, composée de policiers d'élite, démontre d'une certaine manière le contraire. Sur la route de Tarhouna, un groupe armé de la ville surgit, barrant la route au convoi. Ils les menacent avec des armes. Des coups de feu sont tirés en l'air pour les forcer à rebrousser chemin. Quelques heures plus tard, BHL quitte la Libye dans la précipitation, laissant derrière lui les réseaux sociaux locaux en effervescence et un chef du gouvernement « embarrassé » qui promet des « mesures dissuasives » contre toutes les personnes impliquées dans l'organisation de la visite.

Quelques semaines plus tard, difficile de ne pas penser à cette mésaventure en parcourant les 100 kilomètres qui séparent Tripoli de Tarhouna. En Libye, il est compliqué d'anticiper tous les scénarios. Le danger est invisible mais je sais qu'il rôde sournoisement autour de nous. À l'approche de la ville, la distance entre les check-points s'amenuise. Ils ressemblent plus à des points de passage de frontière qu'à de simples barrages de contrôle d'identité. Tombée entre les mains du général Haftar, Tarhouna vient d'être libérée par les forces de l'Ouest. C'est aussi une ville où les hommes de Wagner ont élu domicile avant d'en être chassés par les forces de l'ouest de la Libye. Depuis, elle est devenue une forteresse difficile d'accès. Mais je tiens à y pénétrer. Je veux récolter le témoignage de ceux qui ont vécu au plus près des hommes de Wagner. Conscient que je ne peux pas compter sur les nombreuses autorisations fournies à Tripoli, ma stratégie consiste à solliciter la famille Al-Habshi, l'une des familles les plus respectées de la ville. Ni l'administration locale ni les chefs des milices du coin ne sont prévenus de ma visite. Aux portes de la ville, un pick-up noir cabossé et criblé de balles vient à notre rencontre. Un seul homme à bord. Il nous fait signe de le suivre. L'un à la suite de l'autre, nos deux véhicules s'engagent dans des ruelles étroites, évitant soigneusement les grandes artères. Une fois au cœur de la cité, notre escorte s'arrête. Le chauffeur sort de la voiture, il se penche à ma vitre et sans se présenter m'explique : « J'ai reçu la consigne de vous emmener jusqu'à la mairie. Ne vous inquiétez pas. Là-bas, vous allez retrouver Abou Ojeil, le fils des Al-Habshi. Il va vous présenter au maire avant de vous recevoir chez lui où un déjeuner vous attend. » Il faut maîtriser les traditions libyennes pour comprendre le tour de passe-passe qui se joue. Pour ne froisser personne, la famille Al-Habshi a attendu que nous soyons arrivés en ville pour annoncer notre présence aux autorités locales et par la même occasion souligner que nous sommes sous sa protection. En Libye, la règle de l'hospitalité protège autant celui qui la donne que celui qui la reçoit. C'est périlleux mais très habile. Une fois tout le monde mis devant le fait accompli, nous pouvons circuler librement et interroger la population sans être inquiétés.

Les voitures redémarrent. Notre guide s'engouffre dans une impasse. Au bout, un haut portail noir s'ouvre, laissant apparaître une cour déserte et un bâtiment de trois étages. Sa façade de couleur ocre défraîchie n'a rien à envier à un HLM mal entretenu. Transporté dans une friche parisienne, il serait une invitation à ciel ouvert aux tagueurs pour y apposer leur signature. Ici, la seule inscription que l'on peut lire est « Allah Akbar », peinte en noir et parsemée elle aussi d'impacts de balles, elle est suivie d'un V de la victoire.

Fatih, mon chauffeur, se gare. Il a l'air plus détendu. Il allume une clope, me tapote l'épaule et me dit : « Tu vas voir, la population de Tarhouna est très accueillante, même si on pense le contraire de l'extérieur. » Un petit homme maigre d'une cinquantaine d'années, le visage impassible, en chemise demi-manches grise qui lui donne un air terne m'attend, raide comme un piquet sur le perron de la mairie. Impossible à son allure de deviner sa position hiérarchique dans la ville. « Bienvenue à Tarhouna », me dit-il sans le moindre entrain et il ajoute : « Je suis Moustaha Zaroubi, l'adjoint du maire. Abou Ojeil m'a averti de votre arrivée. Il est sur le chemin, il ne va pas tarder. » Il m'invite à le suivre. À l'autre bout de la cour, deux hommes en armes installés sur des chaises observent la scène en silence. Moustaha monte l'escalier énergiquement et nous installe dans un vaste bureau que je devine être celui du maire. Il n'a pas forcément l'air ravi de nous recevoir.

— Vous êtes un journaliste français, m'a-t-on dit ?

— Oui, effectivement.

La question que je redoute le plus ne tarde pas à venir :

— Qu'est-ce qui vous amène à Tarhouna ?

Je n'ai que quelques secondes pour décider de la conduite à tenir. J'ai le choix entre une réponse honnête et prendre ainsi le risque de me voir refuser l'accès à la ville ou rester vague et passer pour quelqu'un qui cache son jeu. J'opte pour la franchise. Je vais droit au but et j'explique poliment et calmement les raisons de ma présence.

— Je suis là pour enquêter sur les crimes de guerre commis dans cette ville. J'ai appris que la fratrie Al-Kani a régné ici pendant sept ans par la terreur. Et je ne vous cache pas que je suis très intéressé également par l'implication des mercenaires russes dans les atrocités commises dans cette région.

Moustaha a l'air d'apprécier ma franchise. Il se redresse, me regarde droit dans les yeux et me dit d'une voix ferme, en pesant chaque syllabe :

— Cher monsieur, je peux vous confirmer que les Russes de Wagner étaient ici et les preuves de leurs crimes sont tellement évidentes que même un enquêteur incompétent peut les trouver.

— Me voilà averti, lui rétorqué-je avec un sourire, histoire de détendre un peu l'atmosphère.

Il poursuit sans aucune réaction :

— Aujourd'hui, nous sommes libres, mais Wagner comme la famille Al-Kani le sont aussi. Ils ont quitté la ville sereinement et je ne crois pas que la justice va un jour les condamner ni même les poursuivre pour ce qu'ils nous ont fait subir. Le pire, c'est qu'ils ne sont plus là mais qu'ils continuent à ôter la vie à nos enfants.

Sa voix devient vindicative :

— Allez voir du côté du quartier Aïn Zara ou à Khallat Alfurjan, des centaines de logements sont piégés par des mines !

Moustaha marque un temps de silence. Sa main tremble. Il a l'air à la fois ému et nerveux et il reprend :

— La vraie question qu'il faut se poser est : qui a permis ça ? Et cette question doit être adressée à tous ceux qui ont dirigé ce pays depuis 2013. Ceux qui dirigeaient l'armée, qui devaient nous protéger et assurer notre sécurité. Ils sont tous responsables devant l'histoire et vis-à-vis des enfants de Tarhouna. Où étaient-ils lorsque les crimes se commettaient en plein jour alors que le soleil brillait dans le ciel ? Ils sont tous responsables !

Moustaha sort un petit carnet à spirale de la poche de son pantalon. Il fait défiler les pages l'une après l'autre. Elles sont toutes vierges.

— Je suis un amoureux de la poésie. J'ai toujours un carnet sur moi pour écrire mes pensées. Aujourd'hui, je n'y arrive plus. Les mots ne sortent plus. L'horreur a effacé toute la poésie de ce monde.

Son visage dur s'apaise, il reprend un semblant de douceur. Comme si le fait de témoigner lui avait apporté un peu de réconfort. Un silence s'installe. Il se lève et sort de la pièce sans dire un mot.

Un quart d'heure plus tard, un jeune homme d'une trentaine d'années franchit le pas de la porte. C'est Abou Ojeil, le maire et aîné de la famille Al-Habshi. Je suis soulagé de le voir arriver. Je l'observe attentivement. Il est tellement maigre que j'ai l'impression qu'un simple coup de vent pourrait lui faire perdre l'équilibre. Abou Ojeil est le fils d'un héros de la révolution. J'ai croisé brièvement son père en 2011. Un chef de guerre, un révolutionnaire de la première heure, respecté par tous pour avoir combattu à l'Est comme à l'Ouest. Après la chute de Kadhafi, il était l'un des rares à pouvoir unifier le pays et regrouper toutes les milices sous une même bannière. Mais quelques mois plus tard, il a disparu sur la route de Tripoli sans laisser de trace. Son corps n'a jamais été retrouvé et aucune rançon n'a été réclamée. Abou Ojeil n'avait que 17 ans. Depuis, il n'a jamais perdu l'espoir de le retrouver.

Après avoir partagé un verre de thé, nous saluons Moustaha et je quitte la mairie sous la protection d'Abou Ojeil. Je m'installe à ses côtés dans sa voiture. Je le remercie pour le temps qu'il me consacre. Il attrape son talkie-walkie qui grésille sur le tableau de bord et annonce notre départ à ses hommes qui patientent à l'extérieur avant de me répondre :

— C'est un devoir. Vous avez connu mon père et vous êtes l'unique journaliste à m'avoir appelé régulièrement pour avoir des nouvelles, alors considérez que vous êtes chez vous ici.

— Vous n'avez jamais eu d'informations sur les kidnappeurs ?

— Malheureusement, non. J'ai eu beau chercher, remuer ciel et terre, supplier Dieu de nous le rendre, mes prières n'ont jamais été exaucées.

— Je suis réellement désolé pour vous.

Abou Ojeil se mord les lèvres, un peu désemparé. Il hésite avant d'ajouter :

— Il n'y a pas un jour où je ne pense pas à lui. J'aimerais tellement qu'il réapparaisse, que je puisse l'embrasser encore une fois. Mais c'est le destin.

Nous quittons la ville à toute allure. Abou Ojeil abandonne la route goudronnée pour emprunter un chemin de terre. Je suis en confiance, je ne pose pas de question. Le paysage désertique est sublime. Pas âme qui vive. Aussi loin que se porte mon regard, je ne vois que du sable fin. C'est le début du désert libyen. Il se poursuit sur des milliers de kilomètres. Trois bâtiments en forme de cube apparaissent au loin derrière un grillage.

À quelques mètres de l'entrée du site, le convoi ralentit et finit par s'arrêter.

— Tu voulais voir de tes propres yeux les preuves des crimes de la fratrie Al-Kani et des Russes, tu vas être servi. Ce qui s'est passé ici est inimaginable.

Il descend de la voiture. Je marche sur ses pas. Nous longeons le grillage avant de pénétrer dans les lieux par un portail entrouvert. L'endroit a l'air abandonné. Des habits poussiéreux jonchent le sol au milieu de détritus. J'ai un sentiment étrange. Comme l'impression d'entendre les murmures des âmes en souffrance. En plein jour, au milieu d'un désert éblouissant, le lieu me semble pourtant malsain. Abou Ojeil pousse la porte du premier bâtiment. À l'intérieur, les murs calcinés se dressent devant nous comme s'ils refusaient de choir. À leurs pieds, une dizaine de cages en pierre adossées l'une à l'autre comme les meubles bas d'une cuisine. Chacune d'elles mesure à peine un mètre cube et elles sont toutes dotées d'une solide porte en fer de couleur noire. Tels des monstres, elles ont l'air prêtes à engloutir des vies humaines. Je n'ose imaginer la souffrance, l'effroi de ceux qui ont dû subir un tel châtiment.

Abou Ojeil tire la porte de l'une des cellules et il explique :

— Même à genoux il faut pencher la tête pour y rentrer. Il n'y a même pas une ouverture qui permette de respirer. C'est inhumain. On ne mettrait même pas un animal dans ces cellules. De quel droit peut-on faire ça ? Sans jugement, sans aucune raison, il suffisait de s'opposer à la fratrie des Al-Kani ou de critiquer la présence russe pour se retrouver ici.

— Il y a eu des survivants ?

Il rétorque :

— Comment peut-on survivre à ça ?

Il écarte les cendres qui recouvrent le haut des cages et laisse apparaître une plaque épaisse en métal.

— Ils ne faisaient pas que les priver de liberté, ils les brûlaient à petit feu. Ils installaient des bûches sur ces plaques qu'ils arrosaient avec de l'essence avant d'y mettre le feu. On cherche encore l'endroit où ils ont enterré les restes des corps. Mon propre cousin est passé par là et on ne l'a plus jamais revu.

Il claque la porte avec rage et quitte les lieux. Je le retrouve à quelques dizaines de mètres de là, installé sous un olivier, perdu dans ses pensées.

— Ça va, Abou Ojeil ? je lui demande simplement.

Il continue de scruter l'horizon et me répond :

— Depuis que l'on a découvert ce lieu, je n'étais jamais revenu. Ça fait remonter en moi toute la souffrance de ces sept dernières années. J'ai perdu mon père en 2012, on a tué mon frère en 2015, on a amputé le bras de ma sœur la même année lors d'une attaque et mon cousin a disparu depuis un an et demi. Voilà à quoi ressemble ma vie.

Puis Abou Ojeil s'effondre en larmes.

En terre d'islam, l'olivier est un arbre béni qui symbolise la lumière et la réconciliation. À Tarhouna, il a cédé sa place à des tombes. Plusieurs charniers ont été découverts tout autour de la ville. Dans l'un d'entre eux, j'aperçois les restes d'un corps de femme. Elle est morte recroquevillée autour d'un autre corps, celui d'un enfant. Un témoignage par-delà la mort de l'ultime amour d'une mère pour son enfant. Tout autour, de la terre fraîchement retournée, des centaines de tombes, des corps inertes, sans vie, qui attendent que la justice de ce monde fasse son travail. Ici, pas besoin de tendre l'oreille pour entendre leur voix. Ils nous mettent en garde car ils savent que la barbarie humaine se déplace, qu'elle peut traverser les frontières. Elle est passée par la Syrie, par la Libye, elle s'est invitée en Ukraine, elle peut un jour frapper à notre porte.

La famille Al-Kani s'est évaporée dans la nature. Les hommes de Wagner ont déserté les lieux. Une vidéo filmée clandestinement par un habitant les montre quittant la ville. Les survivants, en grappes au bord de la route, les regardent en silence se diriger vers le sud. À l'époque, Vladimir Poutine nie tout lien du Kremlin avec Wagner. Lors d'une conférence de presse commune avec Angela Merkel, il affirme sous le regard embarrassé de la chancelière allemande : « S'ils sont effectivement en Libye et s'ils sont des citoyens russes, ils ne représentent pas l'État russe et ils ne perçoivent pas non plus d'argent de l'État russe. »

Je quitte Tarhouna avec cette sensation de laisser derrière moi des êtres sans aucune lueur d'espoir. J'ai l'impression de les abandonner et que leurs voix, une fois franchies les portes de la ville, vont se perdre comme tant d'autres dans le vacarme du monde. Je suis en colère. Fatih, mon chauffeur, me dit : « Tout s'est bien passé au final, c'était une bonne journée. Tu peux te reposer, nous arriverons si Dieu le veut dans deux heures à Tripoli. »

Chapitre 13

La recrue syrienne de Wagner

Octobre 2021. Le haut-parleur de mon téléphone est activé. Le Dictaphone patiente à proximité. À 21 heures tapantes, je compose sur WhatsApp le numéro de Mustapha, une recrue syrienne de Wagner. À mes côtés, Mohanned, un opposant à Bachar el-Assad qui m'a épaulé durant des mois pour le convaincre d'accepter ce rendez-vous téléphonique. Nous sommes installés à l'abri des oreilles indiscrètes dans une chambre d'hôtel à Gaziantep en Turquie. Je regarde Mohanned et je devine ce qu'il pense. Ce coup de fil représente notre dernière chance de mettre au jour le mode de recrutement de Wagner en Syrie. Après six mois d'enquête et des dizaines de refus, si cette tentative échoue, nous le savons, nous allons jeter l'éponge. Septième, huitième, neuvième sonnerie, un déclic puis une voix hésitante retentit au bout du fil.

— Allô ?

— Bonjour Mustapha. Je suis le journaliste français dont vous a parlé votre ami Omar.

J'espère que je ne vous dérange pas ? Vous êtes seul ? Vous pouvez parler librement ?

Un léger silence s'installe.

— Oui, j'attendais votre coup de fil. Omar m'a dit beaucoup de bien de vous et il m'a convaincu de vous parler. Avant toute chose, je veux savoir si on est bien d'accord, mon identité ne sera jamais dévoilée. Vous comprenez, je risque gros. Si les services de renseignement syriens me reconnaissent, ils vont me jeter en prison et ils ne vont pas hésiter à me torturer jusqu'à la mort. Le pire c'est qu'ils peuvent aussi s'en prendre à ma famille.

— Je comprends votre inquiétude mais vous avez ma parole d'honneur que votre anonymat sera préservé.

Mustapha a déjà pris sa décision. Sinon, il ne serait pas au bout du fil. Il me dit :

— Je vous écoute alors ! Dites-moi ce que vous voulez savoir.

— Premièrement, je tiens à vous dire que je vais enregistrer notre conversation. Cela ne servira qu'à retranscrire votre témoignage. J'espère que vous n'y voyez pas d'inconvénient.

— Vous connaissez mon nom et prénom. Si vous ne tenez pas parole, le fait d'enregistrer ma voix ne changera rien à mon destin. J'ai accepté de témoigner pour que le monde sache qu'après plus de dix ans de guerre en Syrie, la vie, ce don de Dieu que l'on devrait chérir, est tout ce qui reste aux Syriens. Beaucoup comme moi l'ont vendue à Wagner qui a exploité notre misère pour nous recruter et nous transformer en mercenaires. Aujourd'hui, je regrette mon choix mais c'est trop tard. L'argent que j'ai gagné s'est évaporé et ma mémoire ne peut effacer cette parenthèse de ma vie.

Mohanned, assis à mes côtés, écoute en silence. Je réalise que je suis en compagnie de deux Syriens aux destins parallèles. L'un a choisi la révolution pour finir en exil en Turquie, l'autre, au bout du combiné, soutien de Bachar el-Assad, est devenu mercenaire et prisonnier d'un pays en ruine. En commun, l'âge, une religion et une histoire. Deux faces d'une même pièce sans valeur aux yeux du monde. Moi, au milieu, j'ai pleinement conscience que je ne suis pas neutre. J'ai assisté à tellement de crimes de Bachar el-Assad et de ses soutiens que j'ai fini par choisir mon camp. Le plaidoyer de Mustapha ne m'émeut pas. Sans réfléchir aux conséquences, je lui dis spontanément :

— Ce n'est pas un peu facile de justifier ses actes par le simple fait d'un manque d'argent ? Avec la guerre, tous les Syriens en manquent.

Mohanned me fait signe de la main de calmer mes ardeurs. Il a raison. Mon interlocuteur aurait pu me raccrocher au nez et mettre fin à des mois de travail mais il n'en fait rien. Il répond sans même que sa voix ne dévoile la moindre hésitation.

— Je ne veux aucunement justifier mes actes. Si un jour je dois être jugé, il faut que l'on puisse le faire en connaissance de cause.

Mustapha se lance alors dans un long monologue. Je ne l'interromps pas. J'apprends qu'il n'a que 16 ans au début de la révolution syrienne et qu'il vit dans un quartier populaire de Homs, dans une famille heureuse de cinq enfants. Le ciel le passionne. Il adore s'installer la nuit sur la terrasse de sa maison pour admirer les étoiles. Mais un jour leurs étincelles sont devenues meurtrières. Elles se sont invitées dans les quartiers de sa ville, pulvérisant sur leur passage les habitations et emportant dans leur sillage des milliers d'âmes. L'une d'entre elles s'est écrasée sur sa maison. Ce jour-là, toute la famille de Mustapha est invitée à dîner chez son oncle. Elle survit. C'est un vrai miracle. À son retour chez lui, le passé de Mustapha a disparu et son destin prend une bien sombre trajectoire. Quelques mois plus tard, son père, fervent soutien de Bachar el-Assad, a une crise cardiaque. Son cœur a voulu tourner la page. Il s'est mis en pause durant quelques minutes avant de changer d'avis et de se remettre à battre. « Mon père a survécu, précise-t-il, mais son corps n'a plus jamais été le même. » Le visage à moitié paralysé, la mémoire défaillante, le professeur d'histoire, amoureux des livres, respecté de tous, est devenu du jour au lendemain indésirable. Il n'a plus la capacité d'enseigner. Il finit par se résigner à accepter une mise à la retraite par anticipation. Sa pension est évaluée à 10 dollars par mois alors que le loyer du deux-pièces cuisine qui leur servait de toit avoisine les 200 dollars. Mustapha explique : « Trente ans à enseigner pour finir handicapé, pauvre et réduit à tendre la main pour boucler les fins de mois. »

Mustapha ne peut pas continuer à ignorer le destin qui le frappe. Il relève la tête et décide d'agir. Un ami lui parle de Wagner, une société militaire privée russe qui recrute des jeunes pour aller combattre en Libye et propose un salaire de 1 000 dollars par mois, soit huit années de pension de retraite de son père. Une vraie fortune. Une aubaine à ne surtout pas manquer. Alors il se dit que peu importe ce qui peut lui arriver, il faut qu'il décroche cet emploi pour soulager son père d'un fardeau qu'il ne peut plus porter et lui rendre la dignité qu'il a perdue.

À l'écouter, un sentiment étrange m'envahit. Je m'attendais à un témoignage plein de haine, je me retrouve face à une voix douce et un discours sensible qui me touche. Je me suis surpris à avoir de l'empathie pour lui. Comment puis-je être troublé par le récit d'un mercenaire ? Je me sens manipulé. Je décide de reprendre les rênes de l'entretien et d'entrer dans le vif du sujet.

— Pourriez-vous nous raconter comment vous avez rejoint Wagner ?

— Si vous voulez.

Il dit ces mots d'un ton paisible et ajoute :

— Un ami m'a expliqué les démarches à suivre. J'avais plusieurs étapes à franchir. La première consistait à approcher les délégués de Wagner et les convaincre de m'embaucher.

Je l'interromps et lui demande :

— C'étaient des Russes ?

— Non, ils étaient tous syriens, répartis dans plusieurs zones du gouvernorat de Homs. Ce n'était qu'un business bien rodé pour eux. Pour chaque recrue, ils empochaient 100 dollars de la part des Russes.

— Et quelles étaient les conditions requises pour être recruté ?

— Ils n'étaient pas exigeants. Il fallait juste leur prouver que l'on avait effectué son service militaire au sein de l'armée syrienne. Et comme celui-ci est obligatoire pour les hommes en Syrie, tout le monde pouvait postuler. Pour Wagner, que l'on sache ou pas manier les armes importait peu. D'ailleurs, les candidats étaient tellement nombreux qu'il fallait soudoyer les délégués avec 50 dollars pour espérer être sur la liste.

— C'est tout ? Vous étiez recrutés seulement sur la base d'un éventuel service militaire syrien ?

— Le seul test auquel j'ai eu droit est une visite médicale. Mais en vérité c'était juste une mascarade. Les médecins russes se sont limités à une prise de tension avant d'apposer sur mon dossier un avis favorable. D'ailleurs, un de mes camarades de combat qui n'avait qu'un seul rein a été autorisé à partir en Libye. Deux mois après son arrivée, sa santé s'est détériorée. On avait beau réclamer un médecin, personne n'est venu à son secours. Il est mort en souffrant comme un chien d'une insuffisance rénale. Les responsables de Wagner en Libye l'ont déclaré mort au combat pour ne pas mettre en porte à faux leurs médecins. Franchement, le plus dur pour moi a été de convaincre ma famille de me laisser partir. La première fois que j'en ai parlé à ma mère, elle s'est effondrée en larmes. Quant à mon père, il s'est mis à trembler et il m'a dit : « Ôte-toi cette idée de la tête. Tant que je serai encore en vie, mon fils ne deviendra pas un mercenaire. » Après mon annonce, les repas en famille ressemblaient à une cérémonie d'enterrement. Ma mère et mes sœurs ne cessaient de pleurer en me suppliant de ne pas y aller. Mon père ne m'adressait plus la parole. J'ai essayé de les rassurer mais c'était en vain. Moi, je n'avais pas le choix. À cause de la guerre, mes études étaient en stand-by et les petits boulots ne suffisaient pas à nourrir ma famille. Nous étions endettés, mon père était démuni, que vouliez-vous que je fasse ?

De gros nuages ont envahi le ciel étoilé de Mustapha. Lui qui rêvait d'astronomie, l'humanité de son univers s'est désagrégée. Il est tiraillé entre le désir d'obéir à son père et le fait de lui venir en aide. Un soir, alors qu'il a trouvé refuge dans la cage d'escalier de son immeuble, sa sœur jumelle vient s'asseoir à ses côtés. Elle a pris sa main dans la sienne et lui a dit : « Tu sais, Mustapha, ta vie est plus importante à mes yeux que tout l'or du monde. Je prie chaque jour pour que les Russes ne t'acceptent pas dans leurs rangs. » Mustapha n'oubliera jamais ses paroles. Il y a tellement d'amour dans sa voix et tellement de chagrin dans son regard que cela le bouleverse. Ce jour-là, il décide de quitter en pleine nuit le domicile familial. En attendant son départ pour la Libye, il s'installe chez un ami. Il ne supporte plus la souffrance que sa décision inflige à sa famille.

La communication se coupe brutalement. Plus personne au bout du fil. Mes tentatives pour rappeler Mustapha échouent l'une après l'autre. Le silence devient redoutable. Mohanned me rassure :

— Tu sais, en Syrie, Internet n'est pas toujours fiable.

Je lui rétorque, un brin agacé :

— Oui, je sais, mais s'il l'a fait exprès pour couper court à notre discussion, tu imagines ?

Il me répond :

— Je ne pense pas. Il faut juste être patient.

Mohanned avait raison. Une heure plus tard, je reçois un message de Mustapha qui met fin à mon inquiétude : « Désolé, je ne peux pas continuer la discussion. Je vous contacte demain à la même heure. »

Mustapha tient parole. Le lendemain, notre entretien reprend là où nous l'avions laissé.

Le 10 février 2020, Mustapha reçoit un coup de fil à 22 heures La voix enjouée du délégué de Wagner l'invite à se présenter deux heures plus tard face au parc Dablan à Homs. « Une fois sur place, lui précise-t-il, un bus va t'emmener avec tous les autres candidats au camp militaire de Talanih situé à Lattaquié. Là-bas, il ne restera qu'une dernière formalité à remplir avant d'accéder à l'avion qui va te transporter en Libye. » En raccrochant, le cœur de Mustapha se met à battre de manière forte et désordonnée. Il se voit mourir loin des siens dans un pays qu'il ne connaît pas. Il se dit qu'il n'a que 25 ans, qu'il n'a jamais connu l'amour. Je l'imagine repensant aux paroles de sa sœur jumelle, aux larmes de sa mère. Marchant son sac à la main dans sa ville pour la dernière fois, Mustapha n'a pas le courage de repasser chez lui. Il a peur de flancher et de changer d'avis. Il déambule en silence dans le quartier de son enfance. À Homs, il est connu. Il est Mustapha, le fils du professeur d'histoire et d'une excellente couturière qui touchait un salaire de misère, eu égard à ses compétences réelles. Les visages qu'il croise sont familiers. Même les étoiles du ciel de Homs le connaissent. Il s'apprête à leur tourner le dos pour aller vers l'inconnu. Il est triste. Le ciel de Homs n'a jamais été aussi beau que ce soir-là.

Dans le bus, ils sont une cinquantaine d'âmes. La moyenne d'âge ne dépasse pas la trentaine. Les visages sont fermés. Il règne un silence de mort. Le bus prend le départ dans l'indifférence totale d'une ville endormie. Sur la route, chaque kilomètre parcouru les éloigne un peu plus de leur vie passée. Mustapha a besoin de souffler sur la poussière de ses souvenirs pour en extirper les merveilleux moments passés avec sa famille et ses amis. Un passé lointain. C'était avant la guerre, avant la révolution, avant Daech. Il a besoin de ça pour supporter le présent et le futur qui l'attend. Une fois arrivé, il patiente dans un hangar pendant quatre heures. Des bus arrivent par intermittence de toutes les régions syriennes sous l'autorité de Bachar el-Assad. Ils déversent par dizaines des jeunes à l'air hagard, jetant autour d'eux des regards inquiets avant d'imiter ceux qui les ont précédés en s'asseyant à même le sol pour patienter. Au final, ils sont à peu près deux cent cinquante personnes. Trahis par une ancienne blessure de guerre, une dizaine d'entre eux ont été refoulés sans ménagement par l'un des officiers russes. Les autres sont priés de se relever et de se mettre en ligne. Des Russes en civil les fouillent un à un. Ils leur confisquent leurs portables et leurs cartes d'identité. Ils font partie des services de renseignement russes. Les hommes de Wagner portent des tenues militaires de camouflage de couleur sable. Ce sont eux qui sont chargés de leur distribuer les contrats de travail. « Ma vie, confie-t-il, était réduite à une simple feuille A4 où il fallait préciser ses nom et prénom, sa date de naissance, son groupe sanguin, le nom du père, le nom de la mère, le nombre de frères et sœurs et son niveau d'études. »

Mustapha me transfère le document. Je découvre que la tâche qui lui sera confiée est énoncée avec précision. Elle consiste en la garde des installations pétrolières et si nécessaire le soutien armé sur le front. Le salaire mensuel indiqué est de 1 000 dollars. Le contrat prévoit aussi une indemnité de 3 000 dollars en cas de blessures graves. Une fois en Libye, Mustapha ne peut résilier son contrat. Il doit garder confidentiels les termes de sa mission et ce, pendant une période de dix ans. Sinon, il risque « des poursuites et une punition sévère ». Le document se termine par une autre mise en garde : « Sur le terrain, aucune indiscipline n'est tolérée sinon le contrat sera caduc et le contractant sera privé de son salaire et reconduit en Syrie. »

Mustapha s'apprête à plonger dans l'inconnu. Il est angoissé comme un gamin qui apprend à nager pour la première fois. Sa main le sait. Elle tremble comme une feuille lorsqu'il signe son contrat. Il m'explique : « Je l'ai donné au traducteur qui l'a remis à son tour au militaire russe assis derrière un bureau. Il m'a regardé droit dans les yeux avant de baisser la tête et d'inscrire mon nom face à un numéro sur un registre. Les chiffres représentaient mon matricule. Les mêmes nombres ont été gravés sur une plaque métallique de forme ovale accrochée à une chaîne. Il me l'a remise en faisant un geste de la main m'indiquant de la mettre autour du cou. J'ai obéi. À cet instant, j'ai pris conscience que je n'étais plus Mustapha le jeune étudiant de Homs et que j'étais devenu un simple numéro. Le 31425[1]. »

Trois heures plus tard, quatre camions militaires russes ZIL 131 arrivent. Ce sont de gros engins conçus dans les années 1960 et qui peuvent servir au transport des troupes comme de plateforme pour les lance-roquettes. Mustapha est sommé d'y prendre place. Les camions démarrent et au bout d'un quart d'heure s'arrêtent à la base militaire de Hmeimim. Mustapha découvre la plus grande base russe en Syrie. Elle est habituellement interdite aux Syriens. Elle accueille le quartier général des forces russes. Deux avions de chasse sont sur le point de décoller. Cette base est la raison principale du soutien de Poutine à Bachar el-Assad. Elle lui offre un accès stratégique à la mer

1. Par mesure de sécurité ce chiffre a été modifié.

Méditerranée, essentiel à la lutte d'influence maritime entre Moscou et l'OTAN.

Une fois sur le tarmac, Mustapha subit une dernière fouille avant d'embarquer dans un avion militaire russe de la marque Iliouchine. Il est immense. Un camion ZIL rempli de munitions est même hissé à bord. « Ils nous ont demandé de ne pas nous en approcher, se souvient Mustapha. C'était la première fois de ma vie que je prenais l'avion. J'avais peur que le poids du camion ne provoque un crash. Mon voisin m'a rassuré en me disant que cet avion était capable de transporter même des blindés et qu'il pouvait atterrir sur n'importe quel genre de piste. »

À l'arrivée en Libye, les officiers de Wagner divisent les recrues en plusieurs unités de trente personnes. Ils les entraînent à manier les armes pendant sept jours. Chaque groupe se spécialise dans un domaine. Les uns doivent maîtriser les lance-roquettes, d'autres des PKS, une variante sophistiquée de la kalachnikov, destinée à être installée sur un blindé. Mustapha n'est pas doué. Il a droit à une simple mitraillette. L'entraînement est supervisé par un officier qui porte le nom de Yakut. Originaire de Sibérie, il est impressionnant et solide comme un roc. Il a le biceps droit tatoué d'insignes de régiments militaires. Mustapha ne comprend pas leur sens. D'ailleurs en Libye, Mustapha n'a pas à comprendre. Il doit juste obéir. À 7 heures du matin, il doit être prêt, arme à la main. Aucun retard n'est admis. Il faut être attentif. Il n'a pas le droit à l'erreur.

Mustapha considérait Wagner et les Russes en général comme des alliés. Pour lui, ils avaient défendu le peuple syrien contre les djihadistes, la Turquie et les envahisseurs occidentaux. Mais Yakut et ses hommes ébranlent ses certitudes. Ils n'ont rien de bon. Ils sont cruels, sans aucune pitié. Ils le considèrent comme un être inférieur.

Mustapha est en colère :

— Les hommes de Wagner n'avaient aucun respect pour nous. En nettoyant son arme, un jeune de Damas a failli en blesser un autre. Il a été accroché à un pneu et battu devant toute son unité. C'était abominable. Personne n'a osé prendre sa défense.

L'humanité a le choix entre le pire et le meilleur. En Libye, elle a choisi le pire. Les mercenaires sont répartis en deux classes. La première classe, ce sont les hommes de Wagner d'origine russe. Leur salaire avoisine les 3 000 dollars par mois. Ils sont mieux logés et ont droit à une vraie salle de bains. Les secondes classes comme Mustapha doivent se contenter d'un simple matelas posé par terre et d'un filet d'eau froide pour se laver. Il y a une scène que Mustapha n'oublie pas. Il soupire fort et raconte :

— Un de mes camarades syriens ne supportait plus d'être crasseux. Il a craqué et il s'est introduit discrètement dans leur salle de bains. Il a été démasqué. Il a été giflé et foutu à la porte, nu comme un ver.

Deuxième interruption et troisième rendez-vous téléphonique.

Mustapha n'a plus peur de transmettre ce dont il a été témoin. Sans que nos regards se croisent, une confiance s'est installée entre nous. Sa voix m'est devenue familière. À ma demande, il m'a envoyé une photo de lui. Je n'ai plus besoin de l'imaginer. Mustapha est petit, 1,70 mètre peut-être. Les cheveux bruns, presque noirs, qu'il laisse pousser depuis son retour. Il est fin et musclé. En Libye, il est choisi pour fortifier la base militaire d'Al-Jufra. Dix heures par jour avec casque et gilet pare-balles, il transporte des pierres et des sacs de sable pour les entreposer autour du site. « Même une bête de somme refuserait un tel châtiment, confie-t-il. Les Russes ne manifestaient pour nous que froideur et mépris. C'était épouvantable. Pour la première fois de ma vie, j'avais honte de moi. À quoi bon avoir lu tant de livres, aimé l'histoire et la philosophie pour terminer ma vie comme esclave dans un pays qui n'était pas le mien ? »

Après deux mois de dur labeur, il est transféré dans le désert au sein d'une patrouille mixte composée de Russes et de Syriens. Leur mission consiste à scruter l'horizon à la recherche du moindre mouvement. Les jours passent et se ressemblent. Les Libyens de passage sont traités avec respect. Les jeunes Subsahariens désireux de migrer en Europe qui ont le malheur de croiser leur chemin sont fouillés et délestés de tout leur argent. « Ils les humiliaient en éparpillant leurs affaires sur le sable. Les récalcitrants, ils les battaient à coups de poings. Ils les gardaient des heures debout sous un soleil de plomb jusqu'à ce qu'ils tombent dans les pommes. C'étaient des monstres, un point c'est tout. »

Les jours calmes, les hommes de Wagner s'amusent à tirer sur des bouteilles en plastique pour échapper à l'ennui. À chaque salve, ils rient. Mustapha a peur. Il se dit qu'une fois lassés de tirer sur des objets inertes ils décideront de tourner leurs armes contre les Syriens. Après tout, ils ne sont à leurs yeux que de simples numéros, sans aucune existence légale. Ils peuvent disparaître sans que cela émeuve personne. La nuit, Mustapha reste sur la défensive, bien décidé à vendre cher sa peau. Une fois le calme revenu, il s'allonge sur le dos pour observer les étoiles illuminer le ciel. Il savoure le silence et la fraîcheur du soir. C'est magique. Un moment de sérénité volé au destin. Il se dit que peut-être sa sœur de l'autre côté des frontières regarde le même ciel en pensant à lui. Elle lui manque. Toute sa famille lui manque. Il faut qu'il tienne le coup pour les combler de cadeaux. Il se promet de survivre pour ne pas leur faire de peine. Il a réussi.

Mustapha ignore qu'une trêve a été signée entre les Libyens de l'Ouest et de l'Est. La chance lui sourit enfin. Il est venu faire la guerre et elle n'a pas voulu de lui. Il ne le sait pas encore mais il repartira sans avoir tiré le moindre coup de feu. Quatre mois se sont écoulés depuis son départ de Homs. Il ne lui reste qu'un mois à passer. Trente jours avant de retrouver sa famille, le son de sa ville et les amis de son enfance. Sa sœur lui manque. Il prend le risque de se faire rapatrier sans salaire et se procure secrètement un téléphone. C'est le livreur libyen des repas qui le lui fournit. Il se déleste des 200 dollars qu'il a reçus comme avance sur son salaire contre un vieux Samsung et 1 gigaoctet de communication. Mustapha sait qu'il se fait arnaquer mais son envie d'entendre la voix de sa sœur est plus forte. Il accepte le *deal* sans même négocier le prix. Dès qu'il reçoit le téléphone, il s'isole pour joindre sa sœur. Elle décroche. Il sait qu'elle est morte d'inquiétude alors il la rassure tout de suite. Il me confie : « J'ai bien sûr menti. J'ai expliqué que j'étais bien traité et que je ne risquais rien. » Sa voix sourit lorsqu'il explique : « Les habitants de Homs sont connus en Syrie pour être les rois du baratin, mais c'était la première fois que je mentais à ma sœur. Je pense qu'elle a fait semblant d'être convaincue. Moi, j'étais juste heureux d'entendre sa voix. Même si ce coup de fil m'a coûté 200 dollars. C'est le coup de fil le plus cher de ma vie mais aussi le plus réconfortant. »

C'est le dernier jour en Libye. Mustapha fait la queue pour rendre son arme, les munitions, son matelas, sa tenue militaire et sa plaque d'immatriculation. Si un de ces éléments est abîmé, sa paie sera tronquée de 300 dollars. Il reçoit une enveloppe contenant une liasse de billets verts. C'est la première fois de sa vie qu'il a entre les mains autant de dollars. Il compte. Il découvre que son salaire a été revu à la baisse. À cause de la trêve entre les Libyens, les 1 000 dollars mensuels prévus dans son contrat ont fondu. Il n'a droit qu'à 700 dollars par mois. Personne ne conteste.

— Qui vous a payé ? Ce sont les Libyens ? Les Russes ?

La réponse de Mustapha est étonnante :

— C'est une entreprise émiratie qui était chargée de notre paie. Son nom est Saqr Company-Tashkeel 2000[1]. Je ne sais pas si elle a une

1. Saqr Company-Tashkeel 2000 est une société fantôme. Elle n'est enregistrée nulle part et n'apparaît dans aucune enquête sur le financement de Wagner. Elle reste un mystère comme il y en a des milliers dans le monde des SMP.

existence légale mais c'est l'un de ses hommes qui m'a délivré mon salaire.

L'Iliouchine, l'avion russe, attend sur le tarmac. Il ne lui fait plus peur. Il est même heureux de le revoir. Avant d'y accéder, il subit une dernière fouille. Comme s'il y avait quelque chose de précieux dans le désert libyen qu'il voudrait garder en souvenir. Une fois dans les airs, sa joie est immense. Dieu lui a ouvert les bras. Il est sur le point de le restituer à sa famille sain et sauf avec des dollars plein les poches. Fini la misère. Fini la faim. Il pourra payer la dot pour le mariage de sa sœur. Il s'est promis de lui organiser une belle fête dont elle se souviendra toute sa vie. Son père va retrouver le sourire. Il pourra comme il le faisait chaque vendredi avant de tomber malade acheter un bouquet de fleurs à sa mère, le déposer sur la table de la cuisine avant de l'embrasser sur le front. Il est le seul homme du quartier à le faire. Mustapha en avait honte à l'époque mais aujourd'hui il rêve de le revoir, marchant dans la rue un bouquet de roses à la main.

Je lui pose ma dernière question :

— Vous regrettez d'avoir rejoint un groupe de criminels ? Vous êtes au courant qu'ils ont massacré des centaines de Libyens ?

— J'ai été un soldat de Wagner. Je n'en suis pas fier. Et j'accepte d'être condamné pour avoir servi dans leurs rangs. Mais si un jour j'arrive à quitter la Syrie et si j'arrive à mettre ma famille à l'abri, je n'hésiterai pas à témoigner contre eux. Avec des hommes comme ceux de Wagner, les étoiles vont disparaître du ciel. Elles seront remplacées par des taches de sang et des larmes et ça, il en est hors de question.

Chapitre 14

Soudan, le bureau des victimes de Black Shield

Avril 2020, un jeune homme d'une vingtaine d'années est à terre. Il est blessé. Il a reçu deux balles. L'une l'a touché à l'épaule et l'autre lui a traversé la cuisse. Il souffre. Les hommes de son unité ont décampé, le laissant derrière eux gisant dans son sang. Par instinct de survie, il tente de se relever pour les rejoindre. Il n'y arrive pas. Il se roule par terre désespérément pour gagner quelques mètres. Il ne veut pas mourir. Il s'épuise. Il finit par lâcher prise. Il reste inerte en attendant son sort. Quelques minutes plus tard, les balles arrêtent de siffler. Trois soldats de l'armée de l'ouest de la Libye arrivent. Ils ont le même âge que le blessé. Ils l'encerclent. Ils le regardent agoniser. Il n'y a pas de pitié dans leurs regards. La guerre transforme les hommes. Personne ne peut prédire leurs réactions. Les insultes fusent. « Enculé », « Fils de pute », « C'est ça l'armée d'Haftar, tous des mauviettes ». L'un d'eux sort son portable de la poche de son treillis et l'interroge en le filmant :

— Tu es de quelle région ? Réponds, salopard !

Le blessé est paralysé par la peur. Il tremble. Il place sa main ensanglantée sur son visage et se frotte les yeux. Il espère y voir plus clair. Il reste muet.

— Tu vas répondre, espèce de chien ?

— Je suis soudanais, répond-il timidement.

— Tu es soudanais ? Tu te fous de ma gueule ?

Le blessé tente de se relever mais n'y parvient pas. Sa respiration est saccadée. Il ferme les yeux quelques secondes pour retrouver ses esprits et il murmure :

— Non, monsieur. Je jure sur le Coran que je suis soudanais.

Les autres soldats ricanent. L'un d'eux avec une haine sauvage lui assène un coup de pied dans les côtes. Le jeune homme déjà mal en point se tord de douleur. Il sait que sa mort est proche. Il crie avec le peu de force qui lui reste : « Ayez pitié de moi, je ne suis pas votre ennemi. Je suis soudanais. On m'a forcé à être ici. » La scène macabre va durer un bon quart d'heure. Elle se passe aux portes de Tripoli lors de l'offensive d'Haftar sur la capitale.

Quelques mois plus tard, je suis face à un autre jeune Soudanais. Lui aussi a été blessé. Il a survécu. Derrière les barreaux de la prison de Misrata, il tient le même discours : « On m'accuse d'être un mercenaire mais je ne le suis pas. On m'a ramené de force en Libye. On m'a armé et envoyé vers la mort. Ma famille n'a pas eu de mes nouvelles depuis presque six mois. Aidez-moi s'il vous plaît. »

Deux jeunes Soudanais dont les témoignages concordent à cinq mois d'intervalle. L'un est probablement mort, l'autre végète en prison, sans horizon. Tous deux affirment avoir été forcés à faire la guerre. Ils contestent être des mercenaires à la solde d'une société militaire privée. À Tripoli, comme à Misrata, leur discours est inaudible. L'armée de l'Ouest a d'autres préoccupations. Joint par téléphone, un de ses officiers m'explique :

— Ils sont des centaines de Soudanais dans les rangs d'Haftar. Ce pseudo-maréchal a fait appel à Wagner, alors qu'est-ce qui vous étonne dans le fait qu'il paye des Soudanais pour combattre pour lui ?

— Pourtant, c'est étrange, lui répliqué-je. Ceux que j'ai rencontrés affirment n'avoir jamais décidé de venir combattre en Libye. Vous en pensez quoi ? C'est crédible ?

— Ce n'est pas à moi de répondre à cette question. Tout ce que je peux vous dire, c'est que les Soudanais ne faisaient pas semblant sur le terrain, ils nous ont combattus et ils ne tiraient pas avec des balles à blanc.

Récolter une information fiable pour un reporter de guerre est un exercice périlleux. Cette recherche de vérité est encore plus dure quand la guerre bat son plein et que la loi est mise à l'écart. Les témoins sont priés de choisir leur camp et la participation aux combats d'un membre de leur famille ne leur laisse guère le choix. La guerre est un terrain fertile pour la haine. Elle s'installe et s'enracine dans les esprits. Pour les plus résistants, la propagande est là pour les aider à ne pas s'égarer. Chaque bord s'efforce de légitimer ses actions aux yeux de son public. Et c'est aux journalistes de trouver leur propre chemin, tout en évitant de froisser des hommes en armes aux nerfs à fleur de peau qui risquent leur vie à tout instant. Les combattants de l'Ouest ne comprennent pas l'intérêt que je porte à ces étrangers venus de si loin pour les combattre. Ils me le font comprendre. Mon enquête patine. Je tourne en rond. Pourtant, des centaines de Soudanais qui quittent leur pays pour combattre en Libye posent question et cela doit bien laisser des traces. Je décide de remonter à la source : le Soudan.

Septembre 2021, me voici de nouveau dans un avion, en compagnie de mon chef opérateur, Julien, direction Khartoum, la capitale du Soudan. À l'atterrissage, nos bagages sont fouillés minutieusement. Le moindre élément de notre matériel de tournage est examiné avec suspicion. Une fois les vérifications terminées, le douanier nous fait signe de patienter sur deux chaises au bout de la pièce. Je sais par expérience qu'il ne faut pas s'inquiéter. Nos passeports et nos autorisations de tournage vont avoir le droit à une visite guidée des locaux de la police des frontières. Ils vont traverser quelques couloirs, franchir quelques portes, tester la qualité de la photocopieuse pour finir sur le bureau du chef souvent trop occupé pour y prêter attention. Il faut rester stoïque. Nos passeports sont fidèles. Ils finissent toujours par revenir auréolés d'une nouvelle distinction : le fameux coup de tampon qui nous libère mais à qui on ne va plus jamais prêter attention.

En attendant, mon regard est attiré par un jeune qui arrive, tirant avec élégance la plus grande valise qu'il me soit arrivé de voir. Costume chic aux couleurs bariolées, un dandy à l'africaine à qui l'un des douaniers inflige la même punition : une inspection dans les règles de l'art de sa valise. Le jeune homme l'installe péniblement sur le comptoir et tire sur la fermeture éclair avec la nervosité de celui qui n'a rien à cacher mais qui veut en finir au plus vite. Sans quitter des yeux sa proie, le douanier plonge sa main entre les habits et ressort une bouteille de la star africaine des whiskies, le Jack Daniel's. Il écarte un pull et cette fois-ci c'est autour d'Absolut, la reine des vodkas, de faire son apparition. Le douanier a du mal à cacher sa satisfaction. Face à lui, le jeune passager marque son étonnement et sourit nerveusement. Son trésor est confisqué. Il va arroser la cuvette des toilettes de l'aéroport et les bouteilles vides vont rejoindre leurs congénères au cimetière des trophées de la douane soudanaise, un tonneau bleu en plastique de taille suffisante pour enivrer tout un village. Il n'y a pas de doute, le Soudan est un pays musulman.

Le lendemain, Eliott Brachet, le jeune correspondant du *Monde* au Soudan, nous rejoint à l'hôtel. Nous sommes convenus d'unir nos forces et nos contacts pour retrouver la trace des familles des combattants soudanais partis faire la guerre en Libye. Il nous a fallu à peine vingt-quatre heures pour nous retrouver à la périphérie de la ville, devant la porte d'une maison en terre, où Abdel Illah, ancien combattant soudanais en Libye, nous attend. L'air fragile, le regard tendre, il n'a rien d'un mercenaire habitué à vendre son âme pour quelques billets verts. Dans la cour où nous nous sommes installés, tout est triste. Trois chaises en plastique, un lit abîmé et un filet d'eaux usées se partagent la surface d'une petite cour en terre sans la moindre verdure. Abdel Illah se confie sans résistance. À l'image d'un conteur à l'imagination fertile, il nous embarque dans un monde où le mensonge épouse la trahison et enfante la mort. Un monde où l'être humain est réduit à une marchandise que l'on négocie à 1 000 dollars par mois. Sauf que dans le conte d'Abel Illah, tout est vrai.

— Au départ, j'ai répondu à l'annonce d'une agence de recrutement qui cherchait des jeunes hommes pour aller travailler aux Émirats arabes unis dans une société de sécurité privée. Leurs critères n'étaient pas difficiles à satisfaire. Il fallait être jeune, en très bonne forme physique et s'acquitter de 1 200 dollars pour l'inscription. J'avais un poste d'électricien dans une petite entreprise. J'étais polyvalent. Je pouvais raccorder un jour une maison en électricité et le lendemain installer une parabole satellite pour capter les programmes des télévisions étrangères. Mais ce travail était aléatoire et ne me rapportait pas assez pour faire vivre dignement ma famille. Pour moi, le voyage aux Émirats arabes unis était une opportunité incroyable. C'est devenu une obsession, il fallait que je décroche ce job. La vente de ma mobylette ne suffisait pas pour payer l'inscription alors je me suis endetté auprès d'un ami pour parvenir à inscrire mon nom sur la liste des candidats. Quelques jours plus tard, la nouvelle est tombée. J'étais pris. C'était tellement inespéré que je ne me suis autorisé à y croire que lorsque le pilote a annoncé que le décollage était imminent pour Abu Dhabi. Pendant le voyage, j'ai commencé à rêver. Je me disais : « Wouha ! Moi, Abdel Illah, la chance m'a enfin souri. » Fini la misère, fini les nuits d'insomnie le ventre vide, je vais pouvoir choyer ma famille, inscrire mes deux filles dans de bonnes écoles et, qui sait, je pourrais même revenir à Khartoum avec assez d'argent pour monter mon propre business. Je me suis promis de ne jamais oublier d'où je venais, de travailler dur et d'économiser le maximum d'argent. Je suis sûr que tous les jeunes autour de moi étaient dans le même état d'esprit.

« Une fois arrivé à l'aéroport d'Abu Dhabi, un bus de l'armée émiratie nous a transportés vers une caserne militaire. J'aurais pu trouver ça étrange mais sur le moment ma raison était prisonnière de mes rêves. L'espoir m'était permis et c'est tout ce qui comptait. Une fois arrivés à destination, on nous a expliqué qu'on allait y rester trois mois, le temps d'être formés. Notre instructeur nous a distribué des tenues militaires, une trousse de toilette et un survêtement au logo de l'armée des Émirats. Le lendemain à l'aube, les entraînements ont commencé. Au départ, on passait la journée à courir, à faire des pompes ou à escalader des murs, rien d'anormal à mes yeux, je me disais qu'une remise en forme pour avoir une bonne aptitude physique était logique pour des jeunes destinés à sécuriser des espaces publics comme des aéroports ou des centres commerciaux. Mais à partir du quinzième jour, les armes sont apparues. On a eu droit à des exercices de tir et puis c'est monté en puissance : de la kalachnikov, on est passés aux grenades et même au lance-roquettes. Notre formation n'avait plus aucun sens. Pourquoi un gardien de centre commercial aurait-il besoin d'utiliser un lance-roquettes ? Le doute s'est installé mais l'arrivée d'un instructeur soudanais nous a rassurés. Il nous disait que c'était normal, qu'il fallait s'en réjouir car notre unité était destinée à garder des palais, protéger les familles régnantes du pays et leurs proches et qu'une formation militaire était donc indispensable. Il était de chez nous, il n'allait pas nous trahir. On l'a simplement cru. Mon cerveau tirait la sonnette d'alarme mais mon cœur continuait de croire au mirage. Pire encore, les mots « palais », « roi », « prince » m'ont complètement ébloui. Moi, Abdel Illah l'électricien, j'allais côtoyer des personnalités que je ne voyais qu'à la télé. Je les imaginais généreux et bienveillants. J'allais avoir, en plus de mon salaire, des pourboires, manger à ma faim des aliments de luxe. Alors, j'ai redoublé d'efforts. Je me suis entraîné sans jamais me plaindre. J'étais studieux et attentif à chacune de leurs consignes. Je voulais montrer qu'ils pouvaient compter sur moi.

« On est restés trois mois dans cette caserne, isolés du reste du monde et sans autorisation de sortie. Le dernier jour, nos instructeurs étaient enchantés de nos progrès. Ils nous ont félicités d'avoir tous décroché notre diplôme et nous ont annoncé qu'on allait rejoindre en avion notre lieu de travail, situé à Dubaï. Affréter un avion pour parcourir 100 kilomètres, ce n'était pas normal. Un de mes camarades a osé poser la question à l'instructeur. Il a ri et lui a répondu que dans ce pays, il y avait tellement d'argent qu'un avion était l'équivalent d'un bus au Soudan. Le vol a duré sept heures. Le pilote enfermé dans le cockpit était muet. À bord, plus d'instructeur soudanais pour nous rassurer, plus aucun membre de l'équipe encadrante à qui poser des questions. L'inquiétude est montée d'un cran. Mes interrogations enfouies sous mes rêves ont ressurgi d'un coup. Nous étions tous silencieux. Nous avions peur, soif et faim. Nous sommes restés dociles comme du bétail que l'on emmène à l'abattoir.

« À l'atterrissage, l'accueil était digne d'un film de science-fiction. Il y avait deux chars, des voitures blindées et une dizaine d'hommes en armes pour nous recevoir. L'un d'entre eux nous a simplement dit : « Bienvenue en Libye. » Tout est devenu clair dans ma tête. Ils avaient fait de nous des mercenaires. On était là pour combattre, mais combattre qui ? Et pourquoi ? Personne ne le savait. Mon rêve s'est écroulé. Il était finalement trop beau pour être vrai. Je me suis dit que j'allais mourir ici. Je n'avais aucune chance de m'en sortir. Je n'allais plus revoir ma famille. C'était fini. La nuit, installé dans un baraquement de fortune, j'ai inscrit sur un mur ces quelques mots : « Je m'appelle Abdel Illah, je suis soudanais, voici le numéro de téléphone de ma mère. Si vous lisez ce message appelez-la svp pour lui dire que je suis passé par là. »

Abdel Illah a rejoint de force l'armée d'Haftar en Libye. Il est venu grossir les rangs de Wagner déjà sur place. Un électricien devenu malgré lui un mercenaire à la solde d'une armée en déroute. Son salut, il le doit à un de ses camarades qui a réussi à dérober un téléphone et à envoyer un message à sa famille au Soudan.

— Ce texto nous a à tous sauvé la vie. On l'a su plus tard mais nos mères se sont réunies. Elles ont organisé des manifestations devant l'ambassade des Émirats à Khartoum pour réclamer notre retour. La presse locale a relayé l'événement. Pour étouffer l'affaire, les Émirats ont organisé notre retour. Avant de nous rapatrier, ils nous ont proposé 3 000 dollars à condition de ne pas ébruiter l'affaire. J'ai refusé. Je ne veux pas que d'autres Soudanais tombent dans le même piège.

Abdel Illah a l'air ému. Sa fille le rejoint. Elle a à peine 5 ans. Elle se blottit contre lui. Il lui caresse les cheveux, lui dépose un baiser sur le front et poursuit :

— C'est quand tu as un pied dans le vide que tu découvres la valeur de ce que tu as. Imaginez ma joie lorsque j'ai atterri à Khartoum et que j'ai croisé le regard de ma mère qui m'attendait. C'était un sentiment intense. Ce regard était empli d'amour. Difficile de trouver les mots justes pour expliquer mon ressenti.

Abdel Illah marque un temps. Il a l'air de se remémorer l'instant et il dit :

— Je revenais de la mort, ou plutôt, je suis mort et je suis revenu à la vie.

Abdel Illah a retrouvé le monde exactement là où il l'avait laissé, sauf qu'il a perdu foi en l'humanité. Sa femme l'a quitté. Il a perdu son travail. Il est plus pauvre qu'avant.

— Je me demande, me dit-il, s'il n'aurait pas mieux valu que je meure en Libye. Au moins, je n'aurais pas eu à vivre avec cette honte qui me ronge de l'intérieur.

À Khartoum, ils sont six cents jeunes à sillonner la ville avec le même fardeau. Leur rêve a duré trois mois et s'est évaporé dans le désert libyen. Deux jeunes se sont suicidés. Un troisième a perdu la raison. C'était un paysan. Il avait troqué la terre héritée de son père contre une chimère. Le remords et la douleur lui ont fait perdre ses repères. Depuis, il s'éclipse le jour et réapparaît au coucher du soleil, marchant pieds nus jusqu'à l'épuisement le long du Nil. Il se fige parfois tel un arbre immobile et marmonne des mots dans une langue imaginaire. Lorsque son chemin croise celui d'Abdel Illah, il le serre dans ses bras, comme si pour un court instant le visage de ce compagnon d'infortune lui ravive la mémoire et lui rappelle que malgré tout il a survécu.

Ému par le récit de ces jeunes Soudanais, Omar el-Abid, un avocat à la cour de Khartoum, a décidé de prendre leur dossier en main avec la ferme intention de poursuivre et de faire condamner les responsables. Son bureau est situé au quatrième étage d'un immeuble vétuste qui n'a gardé de sa splendeur passée qu'un ascenseur en panne. Il est 19 heures, il fait nuit, je sonne, la porte s'entrebâille. J'aperçois un visage qui me fait face. C'est le secrétaire.

— Entrez, dit-il en reculant.

— J'ai rendez-vous avec maître Omar el-Abid.

— Je suis au courant. Il est absent mais il ne va sûrement pas tarder.

Je patiente sur un vieux canapé en cuir craquelé. Des mégots de cigarettes traînent sur une table basse en verre tachée d'auréoles de thé séché. Un néon éclaire péniblement un mur sale et dégradé. Tout est triste, vieux et abîmé. Une araignée se faufile entre les dossiers qui débordent d'une bibliothèque bringuebalante. J'ai eu le temps de l'admirer tissant sa toile sans se soucier du monde qui l'entoure. Omar el-Abid arrive essoufflé avec deux heures de retard.

— Ma voiture a pris feu, me dit-il en guise d'excuse. Je ne sais pas si c'est un acte d'intimidation. Depuis que j'ai décidé de défendre les jeunes Soudanais partis en Libye, il m'arrive des choses surprenantes.

L'avocat s'installe à son bureau. Il paraît avoir passé 50 ans. Il est grand, rond et a les cheveux grisonnants. Il porte un costume trois pièces bon marché. Un pan de sa chemise à carreaux dépasse de son pantalon. Il sort de sa poche une pipe qu'il dépose sur ses lèvres. Il a l'air d'un philosophe qui mûrit ses pensées. Son image me rassure et m'inspire confiance. Omar el-Abid ne s'encombre pas des premiers échanges d'usage, il va droit au but et explique :

— J'ai accepté de porter le dossier des jeunes Soudanais partis en Libye à bras-le-corps bénévolement, parce que cette affaire touche à l'humanité, elle touche à l'honneur et à la dignité de citoyens qui ont été bafoués.

Il plonge sa main dans son cartable et en retire un énorme dossier. Il l'ouvre et étale les feuilles sur la table.

— Je vais vous montrer les preuves en ma possession. Il m'a fallu du temps pour les réunir. Tous ces documents attestent que nos jeunes ont été embauchés pour effectuer un travail dans le civil et qu'ils ont été envoyés contre leur gré en Libye pour servir de chair à canon.

— Si vous me permettez, avant de parler de preuve, j'aimerais connaître l'identité des responsables. Avez-vous une idée de qui ils sont ? Est-ce des Émiratis, des Soudanais, des Libyens ? J'ai rencontré Abdel Illah, que vous connaissez, il m'a parlé de ce centre d'entraînement appartenant à l'armée émiratie, pensez-vous que l'État des Émirats est mouillé dans cette histoire ?

— Soyez patient, je vais tout vous expliquer. D'abord, l'entreprise qui les a recrutés porte le nom de Black Shield. L'homme qui se présente comme son PDG est Medhadh al-Kaabi. J'ai découvert que ce soi-disant chef d'entreprise est en réalité un colonel des services de sécurité émiratis. Le camp où les jeunes se sont entraînés se nomme Kithaii et il est situé à la frontière avec l'Arabie saoudite. C'est un camp officiel de l'armée émiratie. Grâce aux photos prises par les jeunes avant qu'on ne leur confisque leur téléphone, leur parcours est documenté et les preuves sont incontestables.

L'avocat marque une pause devant une photo. Je reconnais Abdel Illah parmi une grappe de jeunes. Ils sont tous assis par terre, les jambes croisées. Ils écoutent religieusement trois hommes armés. Maître Omar el-Abid affirme :

— Lui, c'est Al-Kadissi, c'est un officier libyen d'Haftar. À ses côtés se tient un Russe de Wagner. Le troisième, je n'ai pas réussi à l'identifier.

Omar el-Abid finit cette longue explication ainsi :

— Cette affaire n'est pas simple. Elle implique des hommes puissants, traverse les frontières du Soudan et finit dans une zone de guerre. La seule juridiction compétente pour juger une telle affaire est la Cour pénale internationale.

Nous nous taisons de longues minutes. Moi qui voulais des preuves concrètes, je suis servi.

Contrats de travail civils, photos des formateurs, selfies des jeunes Soudanais en tenue militaire, images de la caserne… Tout y est ! Je vois défiler entre mes mains l'histoire d'Abdel Illah et de ses six cents camarades d'infortune. Mes doutes n'ont plus lieu d'être. Je repense au jeune Soudanais agonisant à 3 500 kilomètres de chez lui. Je revois son visage désespéré affirmant qu'il n'est ni Libyen, ni mercenaire. Combien sont-ils à avoir perdu la vie dans une guerre qui n'est pas la leur et dont le corps a pourri sous le soleil dans l'indifférence de l'humanité ? Que peut faire un avocat soudanais sans ressources face à un agent du renseignement émirati, un général qui brigue la présidence libyenne et une société qui n'a aucune existence légale ? Je le regarde, je suis admiratif. Il est digne et courageux. Son combat est juste mais j'ai le sentiment que les dés sont bel et bien jetés. Dans cette pièce, l'espoir relève du miracle. Je pose la question :

— C'est un combat de longue haleine que vous vous apprêtez à mener. Pensez-vous y arriver ?

— Je défends des êtres qui n'intéressent personne mais je crois en la justice. J'ai fait parvenir leur dossier à la Cour pénale internationale. J'ai transmis une copie à Human Rights Watch. J'espère que ça fera bouger les lignes. Il n'y a que la justice internationale qui peut poursuivre ces individus. La justice soudanaise est incapable de les ramener à Khartoum. Ils sont trop puissants, trop riches pour nous, mais je ne baisserai pas les bras. Je suis sûr que quelque part, il y a des hommes de bonne volonté qui vont se pencher sur ce dossier. Je crois en la justice et je ne peux me résigner à ce que des êtres humains soient réduits en esclavage à notre époque.

— Avez-vous eu une réponse de la Cour pénale internationale ?

Omar el-Abid se lève, se met devant la fenêtre et allume sa pipe. Il scrute l'horizon comme si celui-ci allait lui donner la réponse.

— Non, dit-il, rien pour l'instant.

Mon entretien est fini. Je quitte les lieux avec un sentiment amer. Une fois dans la rue, je me remplis les poumons d'un grand bol d'air frais. Il ne suffit pas pour effacer mon indignation. Avant de m'installer dans un taxi, je jette un dernier coup d'œil sur la façade de l'immeuble. Maître El-Abid est toujours à sa fenêtre. En dessous, un écriteau en métal rouillé où on peut lire : « Le bureau des victimes de Black Shield ».

Épilogue

Black Shield, Wagner, Sadat, Blackwater, Frontier Services Group… les sociétés militaires privées n'ont jamais été aussi nombreuses. Elles sont de plus en plus puissantes et interviennent sur tous les fronts. Elles participent aux combats, à la collecte des renseignements, à la formation des militaires, à la logistique, etc. Des organisations internationales comme l'ONU et l'OTAN font même appel à elles pour protéger leurs salariés. Aux yeux des lois de la guerre, appelées officiellement le droit international humanitaire, qui définissent les règles à suivre sur les terrains de guerre, il y a d'un côté les combattants et de l'autre les civils. À chaque statut ses droits, sa protection, et les règles de son immunité. Les sociétés militaires privées ont créé une autre catégorie, hybride, difficile à définir.

Le Document de Montreux, fruit d'un processus international lancé par le gouvernement suisse et le Comité international de la Croix-Rouge, qui propose un système de réglementation et de responsabilité pour les activités des

SMP, date de 2008 et il n'a aucune valeur juridique contraignante. La convention internationale du 4 décembre 1989 contre le recrutement, l'utilisation, le financement et l'instruction de mercenaires n'est entrée en vigueur que fin 2001. Ni les États-Unis, ni la Grande-Bretagne, ni la Russie, ni même la France ne l'ont ratifié. Sans entrer dans le subtil débat juridique, mon constat sur le terrain ne laisse que très peu de place au doute. La frontière entre civil et militaire pour un *contractor* est poreuse. Parfois, elle l'est aussi entre les membres d'une SMP et les services de renseignement de leur pays d'origine. Une porte dérobée pour violer en toute impunité l'intégrité territoriale et l'indépendance politique des autres et défendre les intérêts économiques et stratégiques de leurs clients.

Bien sûr, le Sri-Lankais travaillant pour une SMP américaine qui en 2006 m'a servi, l'air un peu perdu, un cheeseburger dans un semblant de fast-food de la zone verte en Irak n'a rien de commun avec son homologue qui tire sur des innocents dans les rues de Bagdad. Leurs salaires diffèrent mais tous deux travaillent pour une SMP. L'un est un complément utile d'une force armée et l'autre salit la réputation des soldats réguliers en se comportant comme un « cow-boy », sans considération pour les vies humaines. Tous deux ont bénéficié de l'immunité offerte par le « maître » de l'Irak de l'époque, Paul Bremer.

Aujourd'hui, les SMP veulent ubériser les armées. Ce sont des lames de fond que l'on entend s'écraser en Ukraine, en Libye, en Irak, en Syrie, en Chine, en Somalie, au Tchad... emportant avec elles des vies humaines, sans cadre juridique pour les protéger et mettant à mal les combats pour la liberté et la démocratie.

G4S, une société anglaise rachetée par les Américains, annonce sur son site employer huit cent mille personnes à travers le monde. L'armée française, réservistes compris, ne dépasse pas les trois cent mille soldats. Avec le désengagement de l'armée américaine d'Afghanistan, de Syrie et d'Irak, à qui G4S et les autres SMP vont-elles proposer leurs services ? L'Arabie saoudite ? Les Émirats arabes unis ? L'Iran ? La question est légitime et mérite d'être posée. Et qu'en sera-t-il si les SMP s'impliquent dans la politique intérieure des pays ?

Comme en Turquie, le 14 janvier 2023, où, lors d'une émission politique sur la chaîne TV100, les téléspectateurs découvrent à la pause publicitaire une vidéo d'hommes masqués et en armes, vantant les mérites de la SMP turque Sadat. Or l'invité principal de l'émission n'était autre que Kemal Kılıçdaroğlu, le président du parti de l'opposition au gouvernement d'Erdogan. Furieux, il tweete : « Déchets de paramilitaires, qui menacez-vous... ? » Un an auparavant, il avait manifesté devant le siège de Sadat à Istanbul, pour exprimer sa peur de voir cette entreprise mettre à mal la sécurité des prochaines élections turques, prévues au printemps 2023.

La France, elle, a inventé sa propre voie sous un nom typiquement gaulois : les ESSD, les entreprises de services de sécurité et de défense. Le mot « militaire » est banni. La tradition veut que la sécurité nationale relève exclusivement du domaine régalien. Pour faire simple, les SMP à la française sont autorisées à presque tout sauf à faire la guerre. Dans un monde où la bataille économique fait rage et où le marché des SMP est évalué entre 200 et 400 milliards de dollars, des voix s'élèvent pour légaliser les SMP. En 2016, les députés Christian Ménard (UMP) et Jean-Claude Viollet (PS) déposent un amendement qui va dans ce sens. Or le ministre de la Défense de l'époque, Jean-Yves Le Drian, n'a jamais caché son opposition à une telle mesure. En 2013, il a déclaré qu'il était inenvisageable que l'armée de terre fasse appel à des SMP car « cela s'apparenterait à du mercenariat, ce qui est contraire à notre tradition républicaine et nos convictions ». L'amendement a été rejeté.

La France résiste. Jusqu'à quand ?

Cet ouvrage a été mis en page par IGS-CP
à L'Isle-d'Espagnac (16)

Imprimé en France par CPI
en mars 2023

Dépôt légal : avril 2023
N° d'édition : 546480-0
N° d'impression : 173602